中国小城镇及区域发展规划回顾

REVIEW OF TOWN AND REGIONAL DEVELOPMENT PLANS IN CHINA

《中国小城镇及区域发展规划回顾》课题组

中国发展出版社
CHINA DEVELOPMENT PRESS

图书在版编目（CIP）数据

中国小城镇及区域发展规划回顾 /《中国小城镇及区域发展规划回顾》课题组著. —北京：中国发展出版社，2013. 11（2018.12 重印）

ISBN 978-7-5177-0044-9

Ⅰ. ①中… Ⅱ. ①中… Ⅲ. ①小城镇—区域发展—城市规划—研究—中国 Ⅳ. ①F299. 21

中国版本图书馆 CIP 数据核字（2013）第 269843 号

书　　名： 中国小城镇及区域发展规划回顾
著作责任者：《中国小城镇及区域发展规划回顾》课题组
出 版 发 行： 中国发展出版社
（北京市西城区百万庄大街 16 号 8 层　100037）
标 准 书 号： ISBN 978-7-5177-0044-9
经　销　者： 各地新华书店
印　刷　者： 北京科信印刷有限公司
开　　本： 700mm × 1000mm　1/16
印　　张： 15. 25
字　　数： 240 千字
版　　次： 2013 年 11 月第 1 版
印　　次： 2018 年 12 月第 5 次印刷
定　　价： 45. 00 元

联 系 电 话：（010）68990535　68990692
购 书 热 线：（010）68990682　68990686
网 络 订 购： http：//zgfzcbs. tmall. com
网 购 电 话：（010）88333349　68990639
本 社 网 址： http：//www. develpress. com. cn
电 子 邮 件： viola_lu@ yeah. net

《中国小城镇及区域发展规划回顾》
课题组名单

课题组组长 Timo Linkola 芬兰规划咨询有限公司 国际项目部部长

课题组副组长 邱爱军 中国小城镇改革发展中心 副研究员

课题组成员 （按专题顺序排列）

何宇鹏 中国小城镇改革发展中心 副主任
吕红医 郑州大学 副教授
谭纵波 清华大学 教授
袁崇法 中国小城镇改革发展中心 副主任
郭 琳 中国人民大学 博士研究生
宋国君 中国人民大学环境学院 教授
吴文化 国家发改委综合交通运输所 副所长
谭咏梅 科技部21世纪议程中心 项目官员
吴程程 中国小城镇改革发展中心 项目官员
Timo Ripatti 芬兰规划咨询有限公司 高级咨询顾问
Tapio Toropainen 芬兰规划咨询有限公司 高级咨询顾问
Tapio Toivo Juhani 芬兰规划咨询有限公司 高级咨询顾问
Juhani Efraimsson 芬兰规划咨询有限公司 高级咨询顾问

目录 >>> CONTENTS

中国小城镇发展背景报告*

发展小城镇、推进城镇化进程是促进中国经济社会发展的重大战略，对于解决好农业、农村和农民问题，实现国民经济的持续快速健康协调发展，加快全面小康社会建设进程具有十分重要的意义。截至2004年年底，中国的人口总数已经达到12.9988亿人，城镇化率超过40%，其中城市661个，小城镇19171个；小城镇平均固定人口为37006.3人，其中就业人口为19093.5人，年财政收入为1773.6万元，而1999年财政收入仅为724.5万元，也就是说五年内年均增长28.9%。

一、小城镇发展的现状及趋势

（一）小城镇的数量和规模扩大

2002年，全国共有建制镇19811个，比1999年增长6%，占乡镇总数量的50.7%，数量超过了乡的数量。建制镇的规模继续扩大，平均每个建制镇有32309人，比1999年增长9.3%；镇区人口5600人，比1999年增加9.4%；镇区占地面积305公顷，比1999年增长23%。

从表1.1可以看出，小城镇的数量仍在调整过程中，撤乡并镇使得小城镇的数量增加，而城市周边县改区、镇改（街道）办的行政区划调整又使得小城镇数量减少。小城镇的城镇人口（镇区人口）有所增加，但增速不及镇区面积，即通常所说的“人口城镇化”慢于“土地城镇化”。这表明，城镇化过程中的行政主导力量很强。

---

* 本报告为中国小城镇改革发展中心独立研究成果。

（二）小城镇的经济实力增强，非农就业增加

2003 年平均每个建制镇的乡村经济总收入为 5.9 亿元，比 1999 年增长 61.1%。2002 年，平均每个建制镇的财政收入、乡镇企业缴纳税金和居民年末存款余额分别为 1136 万元、935 万元和 8008 万元，比 1999 年分别增长 57.8%、53.5% 和 27.4%。平均每个建制镇就业人员 16719 人，比 1999 年增长 11.9%。其中非农就业人员 6738 人，比 1999 年增长 24.9%，非农就业比重占 40.3%，比 1999 年增长 4.2%。

小城镇的经济发展和就业增长均呈现出强劲势头，尤其是非农就业的增长，比同期全国非农就业 3.5% 的增长率高出了 21.4 个百分点，成为这一时期扩大就业的主要来源。在城市经济增长就业弹性不断下降的情况下，小城镇经济增长的就业贡献作用趋于显著。

（三）小城镇的社会服务环境有所改善

依靠目前的教育和卫生统计指标全面评价小城镇的社会发展水平有一定的难度。从表 1 中能够看出，平均每个建制镇教师数量的增长快于学生数量的增长，病床数量增长显著。由此而得出的谨慎结论是小城镇的社会服务环境有所改善。

（四）小城镇的基础设施条件明显改善

平均每个建制镇的公路里程、垃圾处理站数量和百户家庭电话数量都有明显增长，通电、电话、邮、路的村数都达到了 95% 以上。相对而言，垃圾处理站数量较少和通自来水的村庄比重偏低。这表明近年政府投入和国债项目在小城镇经济基础设施建设上成就显著，而在环境基础设施建设上相对不足，但后者是一个更加复杂的问题，因为环境基础设施回报的人口规模要求制约和资源共享限制不是一个容易解决的问题。

表 1　　小城镇发展指标：1999、2002 和 2003 年

	1999 年	2002 年	2003 年	增长率（%）
总体状况				
小城镇数量	19692	19811	19588	-0.5
人口/镇	29650	32309	36424	+22.8
建成区/镇（公顷）	248	305	—	+23.0

续表

	1999 年	2002 年	2003 年	
人口/建成区	5074	5600	—	+9.4
经济发展				
乡村经济总收入/镇(亿元)	3.65	—	5.88	+61.1
财政收入/镇(元)	7200000	11360000	13977000	+94.1
乡镇企业税收/镇(元)	6090000	9350000	—	+53.5
年末居民存款/镇(元)	62840000	80080000	—	+27.4
就业/镇	14939	16719	18668	+25.0
非农业就业/镇	5393	6738	—	+24.9
非农业就业率/镇(%)	36.1	40.3	—	
社会发展				
学校/镇	17	16	16	-5.9
学生/镇	4767	4980	—	+4.5
教师/镇	267	284	—	+6.4
医生/镇	48	47	—	-2.1
病床/镇	38	41	62	+63.2
基础设施				
固体垃圾处理站/镇	0.29	0.34	0.4	+37.9
电话/镇	1693	3563	—	+110
百户家庭电话数量	21.5	41.2	—	+91.6
公路长度/镇(公里)	50	57.9	—	+15.8
通电村数比重(%)	93.6	93.9	99.5	
通电话村数比重(%)	80.2	88.3	95.6	
通邮村数比重(%)	90.5	91.6	97.5	
通路村数比重(%)	86.3	89.5	96.1	
通自来水村数比重(%)	44.1	46.7	53.9	

注：不含城关镇。

资料来源：《中国建制镇基本情况统计资料（2004）》，中国统计出版社，2004。

小城镇最显著的改变发生在经济领域。各项经济指标均有较快增长，这部分是由于市场的作用，部分则是由于相关政策的支持，如引导乡镇企业向镇区集中（从20世纪90年代的20%增长到2002年的40%）、以乡镇企业建设促进非农就业和加强基础设施建设等等。更为突出的是，经济增长对非农就业的增长贡献显著。尽管如此，农业就业仍占总就业的59.7%。这意味着，农村剩余劳动力转移的任务依然长期而艰巨。在这种情况下，镇区或城镇面积扩张的空间计划要与人口和就业增长的经济社会发展计划密切对应。

同经济发展相比，社会部门的增长相对滞后，基础设施部门的增长则分布不均。如果这个差距继续扩大，就难以保证现有的高经济增长率，最终也将影响创造就业机会和提高居民生活水平的政策目标实现。基础设施建设中发展最快的是通讯和交通，而发展较慢的是供排水和垃圾处理。根据前面促进发展小城镇政策的分工，前者投资主要由中央政府负责，后者投资主要由地方政府负责。虽然很难据此得出明确的定论，但这至少部分表明，中央政府在资源分配和制度调整方面具有更大的权力，从而在改善小城镇通讯与交通两项服务上发挥了更大作用。

二、小城镇发展取得的成就

发展小城镇，既是特定制度安排下顺利实现经济转型的必然要求，也是广大农民闯出来的城镇化道路中最具中国特色的伟大创造。小城镇对中国城镇化和经济发展作出了重要贡献。

（一）小城镇发展对促进城镇化进程作出了重要贡献

2002年，中国城镇人口为5亿人，城镇化率为39%，其中小城镇（含城关镇）镇区人口1.7亿人，占13%，对城镇化的贡献率为33.3%。若按非农业户籍人口计算，中国共有3.3亿非农业人口，占总人口的26%，其中小城镇1.4亿人，占11%，贡献率为42%。小城镇吸纳了3438万农业人口，占当年农村流动人口的39%。

（二）小城镇发展对扩大非农就业作出了重要贡献

2002年，小城镇创造的非农就业岗位1.33亿个，占全国非农就业人员的36.2%。1999～2002年，小城镇净增非农就业岗位2729万个，是同期全国非农就业净增量的2倍，成为扩大非农就业的主导力量。

2002年，小城镇非农就业率达40.3%，高于乡11.3个百分点。按收入水平排序的前10000名小城镇，非农就业率均在50%以上，前1000名的小城镇，非农就业率在80%以上（见表2）。按人口规模排序的前5000名小城镇，非农就业率也在50%以上，前1000名小城镇，非农就业在66.7%以上（见表3）。东部地区小城镇平均非农就业率达52.4%。县城和建制镇吸纳的外出务工农村劳动力占总外出务工农村劳动力的34%。

表2 2002年按收入水平分组平均每个镇从业人员及产业分布（人，%）

按收入水平分组	从业人员总数	第一产业		第二产业		第三产业	
		绝对数	比重	绝对数	比重	绝对数	比重
前100镇	63631	3344	5.3	41716	65.6	18571	29.2
前500镇	39118	5272	13.5	22207	56.8	11639	29.8
前1000镇	33130	5838	17.6	16094	48.6	9198	27.8
前5000镇	21966	8395	38.2	7637	34.8	5934	27.0
前10000镇	19969	9344	46.8	5597	28.0	5028	25.2

资料来源：黄秉信，2003a。

表3 2002年按人口规模分组平均每个镇从业人员及产业分布（人，%）

按城镇规模分组	劳动力总数	第一产业		第二产业		第三产业	
		绝对数	比重	绝对数	比重	绝对数	比重
前100镇	125335	17317	13.8	66286	52.9	41731	33.3
前500镇	68618	17939	26.1	27216	39.7	23464	34.2
前1000镇	54670	18294	33.5	18891	34.6	17485	32.0
前5000镇	33627	16270	48.4	8581	25.5	8776	26.1
前10000镇	25958	13548	52.2	6078	23.4	6332	24.4

资料来源：黄秉信，2003a。

（三）小城镇发展对推动农村工业化进程做出了重要贡献

2003年，小城镇集中的乡镇企业1036万个，占乡镇企业总数的47%。吸纳就业人口9644万人，占乡镇企业就业总量的71%。交纳税金[①]1852亿，占乡镇企业税金总额的69%。乡镇企业向小城镇集中的趋势明显增强。

① 税金为2002年数据。

（四）小城镇发展对保障农产品供给做出了重要贡献

2003年，小城镇粮食产量2.6亿吨，占全国粮食总产量的60%；棉花产量264万吨，占全国棉花总产量的54%。油料产量1734万吨，占全国油料产量的62%；水果产量5455万吨，占全国水果产量的38%；蔬菜产量3.6亿吨，占全国蔬菜产量的67%；肉类产量5016万吨，占全国肉类产量的72%；水产品产量3309万吨，占全国水产品产量的70%。小城镇以占全国55%的农作物播种面积和54%的粮食播种面积，生产出大多数的农产品和60%的粮食，不但是农村工业化、城镇化的引擎，也是农产品供给的主要来源。

（五）出现了一批相当于中小城市乃至大城市规模的超级镇

小城镇中涌现出一批经济实力强、人口规模大的超级镇。2003年，财政收入超亿元的镇达538个，其中5亿元以上的39个。人口超过10万的镇达403个，其中人口20万以上的镇43个，30万以上的镇10个，50万以上的镇3个。

（六）小城镇改革为消除不利于城镇化的体制障碍积累了政策储备

小城镇在放开户籍制度、利用市场机制进行基础设施建设、多渠道投资文教卫等公共事业和改革政府体制等方面进行了有益的探索，为消除不利于城镇化的体制障碍积累了经验。部分小城镇还在土地整治、财政体制改革、社会保障制度改革、规划衔接协调和区域发展整合上进行了超前试验，取得了不同程度的进展。小城镇户籍制度改革的经验，已逐步向大中城市推广。其他方面的经验，随时机成熟，必将对加快城镇化进程起到更大的借鉴作用。

三、小城镇发展面临的问题

长期以来尽管发展小城镇似乎一直是城镇体系建设的重要内容，但是政策目标和手段之间却存在着严重的不匹配。当小城镇在政策目标上被视为农村人口的蓄水库和缓冲区时，它提供公共设施和服务的行政手段和能力并没有随之加强。当农民工越来越多地流入大城市时，很多人又开始怀疑小城镇是否具有增长的潜力。说到底，二元体制下城市偏斜倾向的惯性思维仍在起作用。应该看到，小城镇发展的上述成就，是在被一系列制度条件紧紧约束的前提下取得的。如果这些条件得到放松，小城镇发展还有巨大的空间。

（一）小城镇财政能力不足，削弱了政府的公共服务提供能力

2002 年，小城镇创造的财政收入为 2738 亿元，占全国财政收入的 13%。平均每镇财政收入 1136 万元，但可用的部分仅有 460 万元，只占 40%。小城镇创造收入的大部分被上级政府抽吸，所剩部分连发工资都困难，更不用说提供公共服务了。根据对辽宁省 18 个重点镇的调查，2003 年，平均每镇财政收入 1.2 亿元，可用部分仅为 1900 万元，占 16%。在可用部分中，40% 用于工资支付，只有 1140 万元用于公共事业。这些镇的平均迁入人口为 8544 人，占镇区人口的 22%。但是，他们被排斥在按户籍人口计算的预算制度之外，公共服务难以得到保障（PADCO 和 CCTRD，2005）。在统收统支的财政制度安排下，多数镇转向土地出让金寻求基础设施建设资金的来源，这反过来加剧了政府和农民的土地纠纷。

（二）小城镇基础设施投资严重不足，限制了产业和人口积聚的空间

近年来，城乡人均基础设施投入差距越拉越大。2000 ~ 2003 年，村镇人均公用设施投资分别为 36 元、42 元、68 元和 67 元，而同期城市分别为 487 元、658 元、887 元和 1320 元（汪光焘，2005），差距分别为 1∶13.5、1∶15.7、1∶13.0 和 1∶19.7。由于基础设施不足，小城镇的产业发展受到限制，也使得越来越多的农民工开始向大城市流动。2003 年，地级以上大中城市吸纳的农村劳动力占总外出务工农村劳动力的 61%，但是这组数据对比也表明，大城市的基础设施投资非农就业回报率远低于小城镇。

（三）小城镇政府职能不健全，削弱了政府管理公共事务的能力

小城镇政府在法律意义上不是一级完全政府，行政执法权力缺失。近年来，随着各级部门管理职能的上划，小城镇政府的管理权限越来越小，承担的责任却越来越大。根据我们对浙江省的调查，小城镇政府承担的各类问责状多达30项左右，但几乎都没有行政执法权。另一方面，随着部分小城镇外来务工人口的大量增加，相应的管理体制却未及时调整。几十万人口的大镇，和几万人口的小镇，在干部编制上几乎相同。以公安为例，龙港镇有28万人口，其中镇区人口12万，登记外来人口5万，却只有7个交警，镇区交通混乱不堪。镇里自己筹资组建了一支200人的没有执法权的巡防大队，负责治安，因为说到底治安是镇政府的责任，这种现象在当地被称为“镇级体制，县级工作量”，又被称为“政府围着部门转”。

（四）相对于经济发展，小城镇的社会发展尤其是环境设施建设滞后

相对于经济发展，小城镇的社会和环境发展相对较慢（见表1.1）。其中一个重要的原因是，多数小城镇镇区人口数量偏小，达不到社会和环境建设投资回报的规模。只有40%的镇有垃圾处理站，54%的村通自来水。由于行政管理的关系，很少能够形成资源共享，这进一步制约了小城镇的社会和环境设施的建设。

（五）相对于东部地区，中西部小城镇发展缓慢

小城镇的发展具有很大的区域不平衡性，这种区域差异表现出与乡镇企业发展的区域差异相近的分布。东部沿海地区尤其是长三角、珠三角的小城镇发展水平最高。全国千强镇，主要分布在东部沿海地区，其中浙江268个、江苏266个、广东152个、上海102个，长三角占63.6%，珠三角占15.2%，二者合占78.8%。千强镇人口仅占全国小城镇人口的10%，但创造的财政收入占到了全国小城镇的50%左右，平均每个镇达1.55亿元，是全国小城镇平均水平的10倍多。拥有乡镇企业个数达150万个，占全部企业数的15%。吸纳外来人口达2400多万人，外来人口占全镇总人口比例达30%。

根据《中国建制镇基本情况统计资料（2004）》，我们发现：一是东、中、西部小城镇发展经济差距大。2003年，东、中、西部小城镇经济收入比为5.5∶1.4∶1，财政收入比为4.5∶1.3∶1，乡镇企业从业人员比为3.4∶1.6∶1。二是东、中、西部社会发展环境和基础设施条件差距不如经济发展差距大。社会方面，学校和医疗单位数量没有显著差别，但是市场化的社会服务如幼儿园、托儿所数量，则存在明显差距。设施方面，以中央政府为主负责投资的路、电、通讯等经济基础设施差别不大，但是以地方政府为主负责投资的供水等环境基础设施差别较大。

（六）小城镇改革遇到了新的难题，限制了发展潜力的释放

2000 年中共中央、国务院下发的《关于促进小城镇健康发展的若干意见》，给了小城镇发展相当的空间，但是近年来，随着外部条件的变化，许多有利于小城镇发展的政策落实越来越难，有的甚至出现了回潮。一是随着法制建设的加强和部门权力的上收，小城镇政府综合执法和行政管理能力下降，只有责，没有权，限制了小城镇政府公共管理和服务能力。二是在城镇化建设过程中，许多大城市不顾市镇功能的合理划分，继续沿用“摊大饼”的计划模式，不断吞并有活力的县（市）、镇，变为区、街道办事处，在数字上做“大”做“强”。三是城乡福利制度改革滞后于小城镇户籍制度改革，使小城镇户籍制度改革失去了应有的题中之义。不少土地被扩到建成区的农村居民，在许多方面实际享受不到非农业户口居民的好处，宁愿保留农业户口，在计划生育等方面继续享受属于农村的特殊政策。四是随着土地管理趋严，原来优先保证的重点小城镇建设用地指标得不到安排，土地有偿使用收益也被上收。五是原定的财政超收全部或大部用于小城镇的规定，在实施一段时间后，又多被收回。六是“镇改市”的有关安排，实际上没有落实。当然，同时，小城镇的自身发展也出现了一些问题，如遍地开花、盲目扩张、形象攀比和环境恶化等。

第一章　经济社会发展规划

根据《中华人民共和国宪法》，中华人民共和国的行政区域划分如下：全国分为省、自治区、直辖市；省、自治区分为自治州、县、自治县、市；县、自治县又分为乡、民族乡、镇；直辖市和较大的市分为区、县。自治州分为县、自治县、市。自治区、自治州、自治县都是民族自治地方；国家在必要时可以设立特别行政区。

截至2004年，中国大陆共有33个省级区划，包括22个省，5个自治区，4个直辖市和2个特别行政区。台湾被看作是中国的第23个省。直辖市包括北京、重庆、上海和天津；特别行政区是香港和澳门。中国大陆的地级区划数为333个，包括283个为地级及以上城市，17个地区，30个自治州，3个盟；中国大陆的县级区划数为2862个，包括852个市辖区、374个县级市、1464个县、117个自治县、49个旗、3个自治旗、2个特区和1个林区；中国大陆的乡镇级区划数为43275个，包括19892个镇，16130个乡，1126个民族乡，227个苏木，1个民族苏木，5829个区，20个区公所。

根据《中华人民共和国城市规划法》，“城市”是指“按国家行政建制设立的直辖市、市、镇”，市和镇（建制镇）统称为城市。无论从城市数量上看，还是从人口上看，建制镇在中国的城镇化发展中都具有重要的地位和作用。2000年，中国共产党的十五届三中全会通过的《中共中央关于农业和农村工作若干重大问题的决定》指出，发展小城镇（一般均指建制镇），是带动农村经济和社会发展的一个大战略，是推动中国城镇化的重要途径；2001 年通过的《中华人民共和国第十个五年经济社会发展计划纲要》10 次提到小城镇；2002 年中国共产党第十六次代表大会指出，要全面繁荣农村经济，加快城镇化进程，要坚持大中小城市和小城镇协调发展。

本研究以人口在 5 万到 15 万之间的较为发达的小城镇及其县级政府为研究对象，试图通过访谈、实地考察、分析规划文本及相关法律法规系统评估中国小城镇的发展规划。为了评估小城镇的经济社会发展规划，我们需要对案例城镇的基本情况有所了解，具体内容如下。

中国的小城镇近 2 万个，我们选取案例考虑了以下因素：一是选取发达的小城镇，有可能成长为小城市；二是考虑了区域的代表性，东中西各选一个省份作为案例省，既选取了沿海发达地区的小城镇，又选取了内陆欠发达地区的小城镇；三是考虑行政权力，因为就公共资源的支配能力而言小城镇可以分为县级政府所在地的城关镇和普通镇，因此，我们选取的案例镇既包括普通镇又包括城关镇；四是地理区位，我们既选取了特大城市下辖的小城镇，也选取了远离大城市的边远地区的小城镇；五是在城镇化过程中，一些镇被行政区划调整为街道办事处，因此我们也选取了一个刚刚调整为街道办事处的镇。

浙江省

浙江省是中国最发达的省份之一，地处中国东南沿海，长江三角洲南翼。2004 年，浙江省陆域面积 10.36 万平方公里，全省总人口 4720 万人，下辖 11 个地级市；22 个县级市，32 个县级市辖区，36 个县；760 个镇。

我们在浙江省考察选取了三个镇，温州市（浙江省地级市，2004 年全市人口 746.19 万人，行政区域土地面积 11784 平方公里）苍南县的龙港镇和平阳县的鳌江镇，以及台州市温岭市的大溪镇。

龙港镇隶属温州市苍南县，1984 年建镇，2004 年行政辖区总面积 80.7 平方公里，总人口 23.6 万人。2004 年全镇地区生产总值 52.6 亿元，人均 GDP 22300 多元，财政收入 4.66 亿元，经济总量占苍南县的 54%，居民人均收入从 1984 年的 401 元增长到 2004 年的 6949 元。1984 年，农业占龙港镇三大产业的68%，到2004年农业仅占2.5%，被称为中国的“第一农民城”，又被称为“中国印刷城”、“中国礼品城”、“中国印刷材料交易中心”和“中国台挂历集散中心”等。

鳌江镇隶属浙江省温州市平阳县，全镇总面积102平方公里，人口20万。设有海关、商检、口岸、边防、海事等涉外机构，承担这温州市鳌江流域四个县的涉外业务，是浙南闵东北对外开放的重要窗口。2004年，实现工农业总产值55.92亿元，国内生产总值32.86亿元，财政收入3.62亿元，农民人均纯收入7489元。支柱产业为机电、包装、食品、服饰四大行业。

大溪镇隶属台州市（浙江省的地级市，2004年全市人口555.92万人，行政区域土地面积9411平方公里）温岭市。地处台州市与温州市交界处，是台州的南大门，甬台温高速公路、104国道、一级公路和建设中的甬台温铁路穿境而过，地域、交通优势明显。全镇总面积129平方公里，人口22万人。2004年，全镇实现工业总产值130亿元，财政收入1.36亿元，农民人均纯收入7233元。支柱产业为水泵、注塑、鞋帽等，其中水泵在国内市场的占有率达到60%以上，享有“中国水泵之乡”的称号。

河南省

河南省地处中国中东部、黄河中下游，因其大部分位于历史上的黄河中下游以南，故名河南，是中国人口最多的省份。2004年，河南省辖区面积16.7万平方公里，全省总人口9717万，下辖17个地级市；21个县级市，50个市辖区，88个县；865个镇。

我们选取了河南省的两个镇作为案例镇。一个是郑州市中牟县的城关镇，另一个是隶属信阳市固始县的陈淋子镇。郑州市是河南省省会城市，2004年总人口671.15万，行政区域土地面积7446平方公里。

中牟县城关镇是中牟县（全县辖区总面积1416平方公里，辖11个镇，8个乡，总人口约67万人）政府所在地。位于省会郑州东部，距离郑州市中心约30公里。辖区总面积28平方公里，总人口8.7万人。2004年，实现地区生产总值超过5.3亿元，财政收入2030万元，农民人均纯收入 4618 元。全镇社会经济综合实力位居郑州 30 强乡镇第一位。其主导产业为汽车制造。

陈淋子镇隶属信阳市（地级市，2004 年总人口 794.85 万人，行政区域土地面积 19541 平方公里）固始县（人口 156 万人，辖 25 个乡镇镇，是农民工输出县），地处河南省南端（距省会郑州市 500 公里），与安徽省交界。陈淋子镇人口 5.6 万，其中 1.1 万人居住在建成区，虽然人口少，但是具有重要的定位和意义。2004 年，陈淋子镇和与其相邻的黎集镇和祖师庙乡组成史河湾小城镇综合改革试验区，该试验区为国家级试点。因此，具有较高的行政管理权限。当然，总体上看，陈淋子镇是本项目案例镇中人口最少、经济实力最弱的镇。

四川省

四川省地处中国西部，是西南、西北和中部地区的重要结合部，是承接华南华中、连接西南西北、沟通中亚南亚东南亚的重要交汇点和交通走廊。2004 年，四川省辖区面积 48.6 万平方公里，全省总人口 8725 万，下辖 18 个地级市，3 个地级自治州；14 个县级市，43 个市辖区，134 个县；1882 个镇。

柳城街道办事处（原柳城镇）隶属成都市（四川省省会城市，副省级城市。2004 年总人口 1059.69 万）温江区，为温江区区政府所在地。温江区在 2002 年之前为温江县。2004 年，温江区行政辖区面积 277 平方公里，人口 32 万，下辖 4 个街道、6 个镇。2002 年之前柳城镇为温江县的城关镇。柳城镇是成都市经济较为发达的小城镇。2004 年撤销柳城镇，设立柳城街道办事处，距离成都市中心城区 15 公里。常住人口 9.7 万，其中建成区人口 5 万。

一、相关法律法规

关于经济社会发展规划，中国没有制定单独的法律。报告中大多使用经济社会发展规划，因为调研中看到的许多规划文本均使用这一概念，这一用法也反映了专家组的观点。

以下是与地方政府规划和小城镇政府有关的主要法律法规及相关文件。

- 中华人民共和国宪法（2004）
- 中华人民共和国地方各级人民代表大会和地方各级人民政府组织法（2004）
- 中华人民共和国城市规划法（1990）
- 中华人民共和国预算法（1995）
- 中华人民共和国审计法（1995）
- 指导性文件

（一）《中华人民共和国宪法》

根据《中华人民共和国宪法》（以下简称《宪法》），“中华人民共和国的一切权力属于人民”（第二条）；“中华人民共和国的社会主义经济制度的基础是生产资料的社会主义公有制，即全民所有制和劳动群众集体所有制”（第六条）；国家要“通过提高劳动者的积极性和技术水平，推广先进的科学技术，完善经济管理体制和企业经营管理制度，实行各种形式的社会主义责任制，改进劳动组织，以不断提高劳动生产率和经济效益，发展社会生产力”，而且要“合理安排积累和消费，兼顾国家、集体和个人的利益，在发展生产的基础上，逐步改善人民的物质生活和文化生活”。制定小城镇经济和社会发展规划的目的，就是要促进小城镇经济社会发展，改善人民的生活环境，提高人民的生活水平。

根据《宪法》，“中央和地方的国家机构职权的划分，遵循在中央的统一领导下，充分发挥地方的主动性、积极性的原则”；“城市的土地属于国家所有。农村和城市郊区的土地，除由法律规定属于国家所有的以外，属于集体所有；宅基地和自留地、自留山，也属于集体所有。国家为了公共利益的需要，可以依照法律规定对土地实行征收或者征用并给予补偿。任何组织或者个人不得侵占、买卖或者以其他形式非法转让土地。土地的使用权可以依照法律的规定转让”。

“省、直辖市、县、市、市辖区、乡、民族乡、镇设立人民代表大会和人民政府”；“地方各级人民代表大会是地方国家权力机关”；“地方各级人民代表大会每届任期五年”。地方各级人民政府每届任期同本级人民代表大会每届任期相同。

全国地方各级人民政府都是国务院统一领导下的国家行政机关，都服从国务院。地方各级人民政府对上一级国家行政机关负责并报告工作。县级以上地方各级人民政府依照法律规定的权限，管理本行政区域内的经济、教育、科学、文化、卫生、体育事业、城乡建设事业和财政、民政、公安、民族事务、司法行政、监察、计划生育等行政工作，发布决定和命令，任免、培训、考核和奖惩行政工作人员。镇的人民政府执行本级人民代表大会的决议和上级国家行政机关的决定和命令，管理本行政区域内的行政工作。

地方各级人民代表大会在本行政区域内，依照法律规定的权限，通过和发布决议，审查和决定地方的经济建设、文化建设和公共事业建设的计划；县级以上的地方各级人民代表大会审查和批准本行政区域内的国民经济和社会发展计划、预算以及它们的执行情况的报告。

（二）中华人民共和国地方各级人民代表大会和地方各级人民政府组织法》

根据《中华人民共和国地方各级人民代表大会和地方各级人民政府组织法（2004）》（以下简称《组织法》），县及县以上地方人民代表大会具有以下职能和权力。

- 审查和批准本行政区域内的国民经济和社会发展计划、预算及其执行情况的报告。
- 讨论、决定本行政区域内的政治、经济、教育、科学、文化、卫生、环境和资源保护、民政和民族等工作的重大事项。

乡镇一级的人民代表大会，根据国家计划，决定其行政区域内的经济、文化事业和公共服务的发展规划，审查和批准预算及其执行情况的报告。

虽然对小城镇是否制定五年规划没有硬性要求，但是镇一级政府有责任规划其行政区域内的经济和公共服务。一些小城镇已经编制了正规的五年规划，只是比上级政府的五年规划形式上简单一些。

县级以上的地方各级人民代表大会常务委员会讨论、决定本行政区域内的政治、经济、文化、教育、科学、卫生、环境和资源保护、民政、民族等工作的重大事项；根据本级人民政府的建议，决定本行政区域内的国民经济和社会发展计划及其修编、预算。

县级以上地方各级人民政府执行国民经济和社会发展计划、预算，管理本行政区域内的行政工作。

除环境资源保护、城乡发展和民族事务以外，乡、民族乡和小城镇一级政府与县以上政府行使相同的职权。

（三）《中华人民共和国城市规划法》

在中国，与城市发展相关的规划有若干类型，虽然各有侧重，但均与城市的经济社会发展相关。因而，相应的法律法规也必然与规划相关。其中与城市规划直接相关的法律是《中华人民共和国城市规划法》（以下简称《城市规划法》）。只有在深入分析城市社会经济发展条件的基础上，在明确城市经济社会发展规划的基础上，才能实施城市空间的规划和建设。事实上，城市建设规划也是根据《城市规划法》制定的。根据《城市规划法》具体规定如下。

- 城市规划的编制应当依据国民经济和社会发展规划以及当地的自然环境、资源条件、历史情况、现状特点，统筹兼顾，综合部署。
- 城市规划确定的城市基础设施建设项目，应当按照国家基本建设程序的规定纳入国民经济和社会发展计划，按计划分步实施。

《城市规划法》明确规定，城市建设规划应该以社会经济发展规划为基础。其实际意义在于建设规划可以根据社会经济发展规划估算人口、就业等数据，从而界定城市的物质发展、土地利用和住房需求。

如果发展速度与预测值不相符，可以修订规划。城市人民政府可以根据由城市经济和社会发展引起的需求变化对总体规划进行部分调整。

（四）指导性文件

1.《国务院关于加强制定国民经济和社会发展第十一个五年规划的建议》

迄今为止，中国的经济社会发展规划没有单独的法律。目前，各级政府编制经济社会发展五年规划的具体依据主要是各级政府制定的有关指导性文件，其中最重要的是国发 2005 ［33］ 号文，即《国务院关于加强制定国民经济和社会发展第十一个五年规划的建议》。这些文件虽然是一般性说明，但是清楚地描述了规划制定背后的思想，强调合作和协调以及规划实施过程应该考虑的因素。目前，没有制定五年规划的具体的、具有可操作性的指导说明。

经济社会发展规划编制的牵头单位为国家发改委。通常，在新一轮五年规划制定前，国家发改委通过会议、内部文件等方式将规划制定指导意见传达到省级政府部门，然后依次向下一级政府部门传达。

指导意见中通常会包括中央或省级政府就未来五年规划中应该重点考虑的一些重要发展问题提出的意见和建议。为了使读者对中国经济社会发展规划体系、内容、编制程序等有更为清晰的了解和更为准确的理解，我们对国发 2005［33］号文做了摘要具体如下。

编制国民经济和社会发展规划的目的是加强和改善宏观调控、完善政府管理、合理有效地配置公共资源，因此规划编制是否科学便极为重要。为了推进国民经济和社会发展规划编制工作的规范化、制度化，提高规划的科学性、民主性，更好地发挥规划在宏观经济、政府管理和资源配置中的作用，本《意见》提出要建立健全规划体系、完善规划编制的协调衔接机制、建立规划编制的社会参与和论证制度、加强规划的审批管理、建立规划的评估调整机制。

- 建立健全规划体系

一是经济社会发展规划的编制对象：国家、省、地、县，每一级政府都要编制。

二是规划分为具有战略性、纲领性、综合性的总体规划、针对国民经济和社会发展特定领域的专项规划、跨行政辖区的区域规划三种类型。

三是规划编制的协调单位是各级地方政府的发改部门。

四是规划期间一般为 5 年，可以展望到 10 年以上。

五是国家级专项规划原则上限于关系国民经济和社会发展大局、需要国务院审批和核准重大项目以及安排国家投资数额较大的领域。

六是国家级区域规划的范围要合理。

- 完善规划编制的协调衔接机制

一是规划编制要坚持以人为本、全面协调可持续的原则。

二是规划编制要以深入的调查研究为基础。

三是明确规定规划编制的经费要列入财政预算。

四是明确规定了规划衔接的原则：专项规划和区域规划服从本级和上级总体规划，下级政府规划服从上级政府规划，专项规划之间不得相互矛盾。

五是规划衔接的主要方式是“送”给上级政府、相邻政府、本级政府内的相关部门等。

六是规划反馈时间上限为30天，反馈方式为书面形式。

- 建立规划编制的社会参与和论证制度

一是编制规划要实行公众参与制度。规划编制要听取不同部门的意见、规划草案要公布或者举行公 众听证会、总体规划草案还要听取本级人民代表大会、政治协商会议有关专门委员会的意见。

二是编制规划要实行专家论证制度。国家及省级发展改革委要组建规划专家委员会，并在规划编制过程中认真听取专家委员会的意见。规划草案形成后，要组织专家进行深入论证。规划经专家论证后，应当由专家出具论证报告。

- 加强规划的审批管理

一是规划审批报送内容要求具体。包括规划编制说明、论证报告等。特别说明规划编制说明要载明规划编制过程，征求意见和规划衔接、专家论证的情况以及未采纳的重要意见和理由。未经衔接或专家论证的规划，不得报请批准和公布实施。

二是各级人民代表大会为本级总体规划的审批机构。

三是关系国民经济和社会发展全局、国家投资数额较大的国家级专项规划，由国务院审批。

四是一般国家级专项规划由国务院有关部门批准，报国务院备案。

五是跨省（区、市）的区域规划由国务院批准。

六是规划经法定程序批准后一般应当及时公布。

- 建立规划的评估调整机制

一是规划评估报告是修订规划的重要依据。评估工作可以由编制部门自行承担，也可以委托其他机构进行评估。

二是要适时对规划进行调整和修订。规划修订要提出修订方案，需要报批、公布的要履行报批、公布手续。总体规划涉及的特定领域或区域发展方向等内容有重大变化的，专项规划或区域规划也要相应调整和修订。

总体上看，该《意见》较为原则，无论是区域规划范围的划定、专项规划内容的界定还是规划的衔接，均只提出了原则性的意见，没有具体的要求和严格的限制，可操作性不强。

2. 科学发展观

编制发展规划要以科学发展观为指导，按照党的十六大的要求，全面建设小康社会，就是使经济更加发展、民主更加健全、科教更加进步、文化更加繁荣、社会更加和谐、人民生活更加殷实。经济发展是社会发展的基础；经济社会要协调发展；社会发展是经济发展的目的。中国共产党第十六届三中全会提出了科学发展观，科学发展观是中国各级政府制定规划、落实规划的重要指导思想。科学发展观的主要内容是“五个统筹”：

- 统筹城乡的协调发展

彻底改变过去重城市轻农村和城乡分割、城乡差别发展的传统观念和做法，摒弃先工业化后城市化，先城市建设后农村建设的传统发展战略，实现工业化、城市化与农业现代化同步推进的新战略；通过体制创新和政策调整，消除城乡之间的樊篱，给城乡居民相应平等的发展地位，促进城乡要素自由流动和资源的优化配置。

- 统筹区域经济的协调发展

逐步缩小不同地区经济社会发展的差距，特别要缩小不同地区人均收入水平和生活质量的差距。

- 统筹经济和社会的协调发展

实现经济持续发展和社会全面进步。目前，相对于经济发展来说，各级城镇的社会发展明显滞后，文化、卫生、科技、教育等社会事业发展较慢，农村的问题尤为突出。经济发展是社会发展的基础，只有经济发展了才能更好地促进社会进步。

- 统筹人与自然的和谐发展

努力提高土地、水资源等各种自然资源的节约利用和可持续利用水平，保护好生态环境。

- 统筹国内发展和对外开放

扩大国内需求是经济发展的基本立足点和长期战略方针。但是中国人均资源相对有限，经济发展越来越受到市场和资源的双重约束。因此，要在更大范围、更广领域和更高层次上参与国际竞争和合作，充分利用国内外两个市场、两种资源，以更加积极的姿态参与经济全球化。

3.《关于促进小城镇健康发展的若干意见》

2000年6月13日，中共中央、国务院下发了《关于促进小城镇健康发展的若干意见》（国发2000［11］号），该文件就如何推进小城镇改革和发展提出了指导方针和原则。特别要求，发展小城镇要统一规划，合理布局。各级政府要抓紧编制小城镇发展规划，并将其列入国民经济和社会发展计划。重点发展现有基础较好的建制镇，搞好规划，逐步发展。在小城镇的规划中，要注重经济社会和环境的全面发展，合理确定人口规模与用地规模，既要坚持建设标准，又要防止贪大求洋和乱铺摊子。规划的编制要严格执行有关法律法规，切实做好与土地利用总体规划以及交通网络、环境保护、社会发展等各方面规划的衔接和协调。规划的调整要按有关法定程序办理。小城镇建设要各具特色，切忌千篇一律，特别要注意保护文物古迹以及具有民族和地方特点的文化自然景观。

4.《国民经济和社会发展第十个五年计划城镇化发展重点专项规划》

2001年，国务院批转了由国家发改委会同有公安部、民政部、财政部、劳动保障部、国土资源部、建设部、农业部、国家环保总局、国务院体改办编制的《国民经济和社会发展第十个五年计划城镇化发展重点专项规划》（以下简称《城镇化专项规划》）。《城镇化专项规划》是根据《中共中央关于制定国民经济和社会发展第十个五年计划的建议》以及《中华人民共和国国民经济和社会发展第十个五年计划纲要》编制的，是对全国城镇化进程进行宏观指导的规划。该规划阐明中国城镇化的现状和问题，明确“十五”期间推进城镇化的总体要求和主要任务，提出推进城镇化的体制改革方向和政策调整方向。该专项规划强调了小城镇改革和发展的指导方针和原则。

（五）《中华人民共和国预算法》

根据《中华人民共和国预算法》，中国的县级以上地方各级人民代表大会审查本级总预算草案及本级总预算执行情况的报告；批准本级预算和本级预算执行情况的报告；设立预算的乡、民族乡、镇的人民代表大会审查和批准本级预算的调整方案。审查和批准本级决算。

地方政府应本着以收定支、保持收支平衡的原则制定预算，预算不得出现赤字。很重要的一点是中国的地方政府是不可以发行地方政府债券的。

各级地方政府的财政部门负责汇总最终预算草案，并提交同级政府审核，政府再提交人大常委会审批。

地方政府在每个预算年度至少向本级人大常委会提交两次预算执行报告。政府审计部门应该对当地所有政府部门及下级政府的预算执行情况和最终账目进行审计。

（六）《中华人民共和国审计法》

中华人民共和国审计署于 1983 年成立，各省、市、县政府随后建立了各自的审计部门。1994 年第一部《中华人民共和国审计法》由全国人大批准并于 1995 年颁布。该法律建立了中国政府的法定审计方案，颁布了数十个政府审计标准，推动了中国审计实践活动的系统化和标准化。中国注册会计师协会是一个非政府组织，负责制定中国公共审计组织的职业规则及中国注册会计师的资格考试。省、市、县各级审计机构负责本级及下级财政预算、最终账目、预算外资金的管理和使用。

二、规划意义、程序、预算及管理

（一）规划意义

作为一个社会主义国家，中国要促进经济的发展，避免经济危机，必须有自己的经济社会发展规划。为此，最重要的举措之一就是制定五年计划，第一个国民经济和社会发展五年计划从 1951 年开始。到目前为止已经制定过 10 个五年计划，2006 ~ 2010 年的第十一个五年规划正在制定中，随着中国经济的快速增长，对经济社会发展规划的要求也越来越高，事实上，“十一五”规划的研究方法和内容已经有了很大的改进。

“十五”计划主要强调资源的最优配置，而“十一五”规划将成为中国政府保持经济高速增长、调整产业结构、引导投资到优先发展部门和领域、缩小不同社会群体间差距的主要宏观政策手段。

在中国，经济社会发展规划最重要的目标仍是提高国内生产总值（GDP）。1978 年的经济改革中，中国共产党确立的目标是：经济快速增长是中国走向富裕的必由之路。从 1979 年到 2004 年，中国经济以每年 9.4% 的速度增长。

过于强调经济增长的政策也造成了一些不良后果，如城乡收入差距拉大，地区发展不平衡，环境污染严重，水资源和能源匮乏，这些问题为中国政府敲响了警钟。因此，发展政策的优先领域正在改变。

2004 年，中国共产党十六届四中全会明确指出：作为执政党，中国共产党必须调动一切可以调动的力量，增强其执政能力，努力创造一个和谐的社会主义社会。这是中国共产党的文件中第一次将建立和谐社会放在与经济、政治、文化建设同等重要的地位。2006～2010 年国家“十一五”规划的目标就是建立一个和谐的社会。

“科学发展观”、“绿色 GDP”和“社会主义新农村”已经写入“十一五”规划，这表明中国的政策已经在转型，发展模式已经从强调经济增长转向注重可持续发展。同时，经济社会发展规划对行政管理和公共财政体系的进一步完善也起着非常重要的作用。

（二）规划程序

中国制定了五年计划的主要目标是实现经济的快速稳定增长，在全国范围内实现自然资源、物质资源和人力资源的优化配置。中国已经建立了从国家到地方各级的规划体系，由各级发展和改革委员会协调起草规划，由各级政府负责执行规划。其他相关部门都参与经济社会发展规划的制定过程。在起草发展规划时，各级发改部门都要吸收相关部门和下级政府的意见和建议。

1. 经济社会发展规划体系

从国家、省、市到县各级政府都要编制各自的五年规划，规划体系（见图 1.1）。

在地方各级发展规划的基础上，国家发展改革委负责协调起草国家经济和社会发展规划，并将规划草案提交给国务院，再由国务院提交全国人民代表大会审查、讨论、批准。

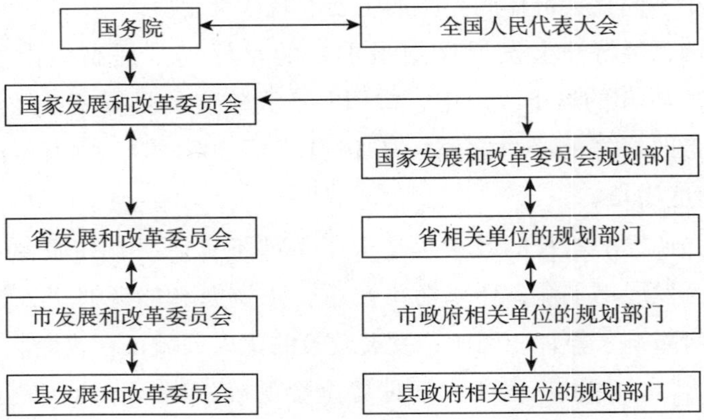

图 1.1　社会经济发展规划体系

省发改委在相关部门和单位的参与下起草规划。

2. 县级经济社会发展规划编制程序

- 准备阶段

根据国家发改委和省发改委关于经济社会发展规划编制的指导意见，县级发改部门拟定县级经济社会发展规划的指导原则，拟定部门规划制定的要求。各个政府部门、当地重要企业代表通常都被邀请参与规划研讨。经过较为全面的基线调查后，分析全县面临的形势，预测未来的发展。依据基本调查研究成果及规划编制的指导原则、要求，县级发改部门起草县经济社会发展规划大纲。有的地方聘请专门的城镇发展研究人员协助编制规划。通常，县级发改部门要在准备阶段拟定聘请专家的相关原则和要求。

- 起草阶段

按照国家和省发改委编制规划的要求，参考相关部门和其他县规划大纲的基础上，县发改部门采取自上而下和自下而上相结合的方法进行研究评估。结合国家和省级发展规划，提出全县经济社会发展的指导原则、目标、发展重点、主要建设项目、政策和措施。最后，县发改部门对总体发展规划和部门规划进行汇总、确定初稿。聘请外部专家进行规划编制的，提出由专家组提出初稿。

- 讨论、修订和论证阶段

为了吸收集体意见和各种有用的想法，为了加强规划的科学性和参与性，县发改部门专门展开座谈会，听取专家、学者和二人的意见。县发改部门组织由县政府、县人大和县政协参加的规划研讨会，根据研讨会所提出的修改规划的建议，完成最终规划草案。

- 审核、批准、执行阶段

县发改部门将规划草案提交给县政府审查，进而提交县人大批准，之后规划由县政府的各部门具体执行。

（三）规划预算

按照《预算法》，各级政府都有自己的财政经济自主权，并有经过同级人大批准的独立预算。1994 年实行分税制以来，实行中央政府和地方政府各自分离、独立的税收征集和分配体系。国家税务局和海关总署负责中央的固定税收以及中央与地方分享的税收，地方税务局负责地方的固定税。中央和地方政府的收入来自以下税收。

表 1.1　现行一般预算收入划分表

中央固定收入	地方固定收入
• 关税 • 消费税 • 海关代征消费税和增值税 • 铁道部门、各银行总行、各保险公司总公司等集中交纳的收入（包括营业税、利润和城市维护建设税） • 未纳入共享范围的中央企业所得税、中央企业上交的利润等	• 营业税（不含铁道部门、各银行总行、各保险公司总公司集中交纳的营业税） • 地方企业上交利润 • 城镇土地使用税 • 城市建设维护税（不含铁道部门、各银行总行、各保险公司总公司集中交纳的部分） • 房产税 • 车船使用税 • 印花税 • 耕地占用税 • 契税 • 遗产和赠予税 • 烟叶税 • 土地增值税 • 国有土地有偿使用收入等

除了中央和地方各自征收的税以外，部分税收还要在中央和地方之间分配。包括增值税中央分享 75%，地方分享 25%；企业所得税和个人

所得税中中央分享60%，地方分享40%；资源税按不同的资源品种划分，海洋石油资源税位中央收入，其余资源税位地方收入；证券交易印花税中央分享97%，地方（上海、深圳）分享3%。一般而言，小城镇政府负责征收本地的税收，但小城镇一般没有独立的财政，需将其税收收入上缴县财政，县财政再将小城镇上缴的税收收入部分返还给小城镇政府。

与支出相对应的行政管理职能也在中央和地方政府之间进行了划分。

表 1.2　　中央和地方政府支出表

中央政府的支出	地方政府的支出
• 国防 • 中央政府行政开支和运行费用 • 重大项目 • 全国性经济改革 • 协调地区间发展 • 实施宏观经济管制和控制	• 地方政府行政开支和运行费用 • 由地方政府承担的基本建设和技术改造资金 • 对农业生产的支持 • 城市建设与维护 • 价格补贴等

目前，大部分的小城镇镇预算支出大于预算收入。中央政府对地方政府的转移支付方式有很多种，但是即使在接受转移支付之后，地方政府仍有财政赤字。因此，镇政府只好用预算外收入来弥补。预算外收入主要包括政府下属企业收入的自筹资金，公用设施收费收入和城镇建设用地的土地出让金收入。

在中国，预算的准备、审查、批准、执行、调整、监督还存在一些问题。比如预算程序不十分明确。政府预算只包括预算内资金，大量预算外资金和其他收入都在预算监督之外。国家和省级地方预算体系是清晰的、统一的。但是，省以下地方政府的预算体系则因省而异，各有不同。

（四）规划管理

在中国，小城镇政府是政府管理层级中最基层的一级。镇的上一级政府是县政府，镇政府既要对当地人民负责，也要对县政府负责。在这种体制下，下级政府的一些重要决策在很大程度上都由上级政府来决定。小城镇规划的落实工作，如计划的批准、预算和较大规模的投资，一般要由县政府拍板。

国家发改委负责协调国家五年计划的准备工作。从中央一直到县政府，各级发改部门都是地方五年规划制定的牵头单位和推动者，其他部门以不同方式参与五年规划，一些部门牵头负责专项规划。下面以浙江省温州市苍南县为例说明“十一五”重点专项规划的部门参与。

表 1.3　　　　　　苍南县“十一五”重点专项规划表

规划主题	负责机构	参与单位
农业和农村经济	县农业办	县发展计划局、农业局、林业局、水利局、海洋与渔业局、财政局、民政局、交通局、扶贫办
新兴产业培育和传统产业提升	县经贸委	县发展计划局、科技局、国土资源局、规划建设局
基础设施建设	县发展计划局	县规划建设局、国土资源局
土地资源利用和保护	县国土资源局	县发展计划局、规划局、经贸委、农业局、林业局、海洋与渔业局
水利	县水利局	县发展计划局
综合交通	县交通局	县发展计划局、规划建设局、经贸委、铁路办
旅游业	县旅游局	县发展计划局、规划建设局
开放性经济	县外经贸委	县发展计划局、经贸委、科技局、协作办等
劳动就业与社会保障	县劳动和社会保障局	县发展计划局、民政局、农办、财政局、农业局、人事局、民政局
环境保护	县环保局	县发展计划局、经贸委
海洋经济	县海洋与渔业局	县发展计划局

苍南县共有20个单位参与了苍南县“十一五”重点专项规划。县发展计划局差不多参与了所有的重点专项规划，即县发展计划局牵头其中一个规划，并参与了其他十个规划。

表 1.4　　　　　　苍南县“十一五”专项规划表

规划主题	牵头单位	规划主题	牵头单位
林业	• 县林业局	体育	• 县体育局
教育	• 县教育局	广播电视	• 县广电局
科技	• 县科技局	气象	• 县气象局
民政	• 县民政局	房地产	• 县规划建设局
人才	• 县人事局	基础测绘	• 县规划设计据
文化	• 县文化局	信息化服务	• 县电信局
公共卫生	• 县卫生局	电网建设	• 县供电局

苍南县准备了14个专项规划，县里共有13个部门参加了这些规划的制定。因为参与规划的部门很多，良好的协调与合作对规划的成功非常重要。

表1.5列举了当地政府一些重要部门的公务员人数。县党委系统的公务员为每万人2~3人，县政府的公务员为每万人11~17人，小城镇公务员数量则少得多，仅为每万人2~6人。公务员中，社会治安人员（应该包括协管人员）的比例非常大，达到公务员总数的50%~60%。

表1.5　　2004年受访县镇的部门人数

行政部门类型	县				镇			
	中牟		苍南		大溪		龙港	
	A	B	A	B	A	B	A	B
党委会	143	2.1	133	1.1	23	1.2	51	1.8
人大	33	0.5	23	0.2				
公务员	1183	17.4	1315	11.0	49	2.5	168	6.0
——社会治安	599	9.0	800	6.7				
——经济、财政、贸易	131	1.9	152	1.3			56	2.0
——社会事业、计生、统计、审计	77	1.1	65	0.5				
行政编制以外人员	460	6.8	195	1.6	73	4	54	0.2

注：A—总数；B—万人拥有数。

经济规划、财政管理和商业促进部门，每万人拥有的公务员数为1~2人，与党委办公室的规模差不多。中牟县审计局有23名职工，苍南县审计局有17名，两县统计局的人数均为10人。

图1.2以陈淋子镇为例，说明中国镇级政府的组织结构。

三、研究发现

项目组对六个县和五个镇的五年经济社会发展规划进行了总体研究。全国大部分地方都有此类规划。

中国的规划体系看来似乎比欧洲的经济社会发展规划更有效率、更有组织性。在欧洲，许多地方政府缺乏像中国这样的规划，而且规划的

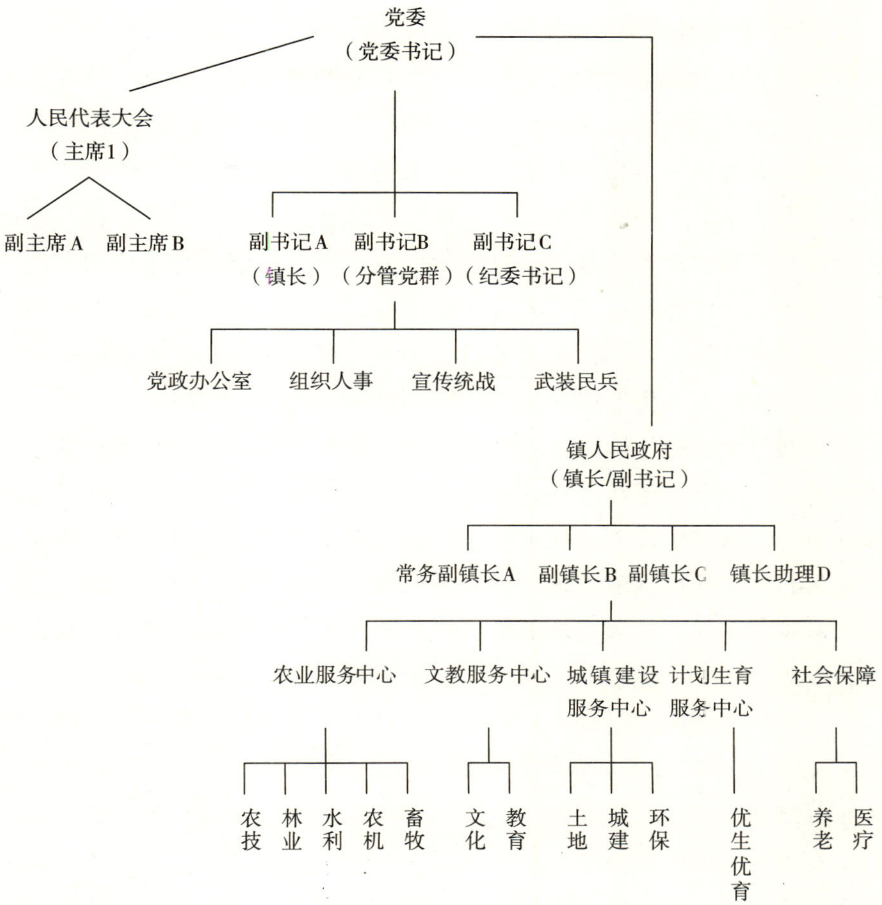

图 1.2　河南省固始县陈淋子镇机构设置情况

质量和内容也与中国有很大差异。因为中国比其他市场经济国家更重视全国规划和经济社会发展规划。

中国地方政府的五年计划内容通常都参照国家经济社会发展规划的目录。计划内容总体上看相当宏观，从而也为其后续实施留有弹性。因为地方规划要符合中央政府总的宏观经济政策，GDP 的增长和城镇化率的提高是考核地方政府业绩的主要目标。不过，规划体系正在调整变化过程中，因为在编制“十一五”规划的过程中，中央政府面临着协调发展、可持续性、节约资源和与环境协调发展的压力。

（一）目标和指标

中国各级政府制定的五年计划内容看起来很相似。不过，只有国家层面的计划才包括了通过改善宏观调控机制来推动经济增长和社会稳定，通过设计各种实施方案来执行规划。通常在计划的第二章“经济结构”和第四章“人口、资源和环境”体现不同层级政府间的差异。在国家层面的五年计划中没有将基础设施建设单列一章。各级政府的计划在阐述当地发展计划之外均包括了若干宏观指标，而这些宏观指标在西方国家的地方政府计划中并不占重要地位。为了实现计划目标，各地的计划还包括了许多有关人民生活的意识形态方面的指导方针和意见。

各级计划的执行情况通过每年的年度报告评估。评估时将计划中几个关键指标的预计值与年度的实际数字进行比较。大部分指标都是宏观经济指标。从整个计划过程来看，计划的理念是通过各级政府实现其经济发展目标来确保国家整体经济发展目标的实现。小城镇政府的主要职责看起来似乎并不是为当地的人民提供公共服务，而是为了有效地促进经济发展。

在项目组调研的过程中，我们发现对小城镇和县政府来说，经济增长和完成 GDP 的任务是非常重要的。例如，每当介绍“十五”经济社会发展计划情况时，总是最先，也最为强调的指标，就是经济增长。四川省成都市温江区柳成街道，2004 年还是一个镇，之前的主要任务是促进经济快速增长，现在则是为当地居民提供公共服务，街道代表座谈时表示对这一行政管理职能的转变非常满意。

各级政府对经济增长的认同，促使他们会竭尽全力实现既定经济增长目标。项目组调研发现，截至 2004 年，所有被调研的小城镇均实现了各自“十五”计划年度经济增长指标的预期值。与其他国家的增长数据相比，这样的结果是很具有挑战性的。据说地方政府的管理中有这样的激励机制：如果地方政府实现了原定的 GDP 目标，或者在更大行政区内的地方政府 GDP 排名有所提高，地方政府领导就会得到提升。

评定地方政府绩效的指标从 9 个到 37 个不等。例如，浙江省的“十五”计划指标有 37 个；浙江省台州市温岭市的“十五”计划指标有 16 个，“十一五”规划指标有 26 个。调研发现，浙江省温州市苍南县的经济社会发展规划具有较强的专业性，而且对“十五”计划实施情况进行了监测，比如对15个计划指标的完成情况和规划目标值进行了对比分析。苍南县还特别重视投资政策，出台了专门的投资政策和工业政策文件。

以下表格列举了“十五”计划中主要使用的一些指标。有时候指标还要多一些。遗憾的是，几乎所有指标都与经济发展有或多或少的相关性，衡量公共服务水平的指标较少。以浙江省温州市苍南县龙港镇、河南省信阳是固始县为例。

表1.6 浙江省苍南县龙港镇“十五”计划和2010长期规划主要计划指标

- 国内生产总值
  - 第一产业
  - 第二产业
  - 第三产业
- 工农业总产值
  - 工业总产值
  - 农业总产值
- 财政收入
- 固定资产投资
- 出口商品供货值
- 农民人均纯收入
- 年末总人口
- 人口自然增长率

表1.7 河南省信阳市固始县国民经济和社会发展“十五”计划主要指标

	科目		科目
一	**国内生产总值**	十	**农民人均纯收入**
	第一产业增加值	十一	**城市化水平**
	第二产业增加值	十二	**人口年末达到数**
	其中：工业增加值	十三	**主要农产品面积产量**
	第三产业增加值		1. 粮食播种面积及总产量
	一、二、三产业结构比		2. 油料播种面积及总产量
	人均国内生产总值		3. 肉类总产量
二	**工农业总产值**		4. 水产品产量
	工业总产值	十四	**主要工业产品产量**

续表

	科目		科目
	农业总产值		1. 固始鸡加工
	其中：农业产值		2. 曲美布丁原料药
	林业产值		3. 氨基酸输液
	牧业产值		4. 柳编工艺品
	渔业产值	**十五**	**环境保护**
	农林牧渔业结构比		1. 森林覆盖率
三	**乡镇企业总产值**		2. 合理施用化肥、农药比例
四	**地方财政收入**		3. 秸秆综合利用率
五	**社会消费品零售总额**		4. 生物防治技术推广率
六	**外贸出口供货总值**		5. 工业污染源排放达标率
七	**吸引外资直接投资**		6. 大气、水、噪声环境质量情况
八	**全社会固定资产投资总额**		7. 城镇人均公共绿地面积
九	**城镇居民人均可支配收入**		8. 受保护基本农田面积比例

通常，五年计划还包括 10～15 年的预测，预测指标和计划指标一样多，或比计划指标少一些。预测总体上看是现实的，因为中国政府和中国人民都全力以赴地通过实施五年计划创造未来。苍南县的十一五规划就描述了该县到 2020 年的发展思路。

对规划住房、基础设施和公共服务来说，人口预测是很重要的。一般情况，人口预测是用现有人口乘上一个系数。有些县和镇进行了 2020 年人口预测。但是，在一些地方，地方官员介绍说他们对人口预测不太清楚。

有时，规划开篇就谈 2020 年人均收入将达到多少。如四川省 2020 年人均收入目标为 1000 美元。做计划是为了促进目标的实现。产值通常用于估算未来就业岗位。固始县还为此进行了企业调查，预测了每个经济部门的就业岗位数和每个就业岗位产生的增加值。我们通常都是按经济部门来预测产值。也可以通过每个就业岗位所创造的增加值来估算可能的就业岗位数。

不过，调研发现，在“十一五”规划中，各地在规划指标设计上已经有了很大的改进。浙江省温岭市就将规划指标分为经济发展、社会进步、人民生活和生态环境。

表 1.8 浙江省温岭市国民经济和社会发展“十一五”规划指标（预安排）

经济发展	社会进步	人民生活	生态环境
一、生产总值	八、城市化水平	十三、城镇居民人均可支配收入	十八、环境质量综合指数
其中：第一产业	九、每千人医生数	十四、农村居民人均纯收入	十九、工业三废治理率
第二产业	十、科技经费投入占生产总值比重	十五、居民收入基尼系数	二十、城镇生活污水处理率
第三产业	十一、城镇登记失业率	十六、低收入家庭所占比例	二十一、城镇生活垃圾无害化处理率
二、人均生产总值	十二、人口自然增长率	十七、社会保障覆盖率	二十二、城市人均公共绿地面积
三、三次产业比例			
四、财政总收入			
五、全社会固定资产投资			
其中：工业性投入			
六、社会消费品零售总额			
七、自营出口			

（二）规划程序

下面以河南省固始县为例，介绍五年规划的程序：

准备组织：固始县“十一五”规划的编制工作始于 2004 年 4 月，当时的会议主要分析了“十五”计划的实施情况。“十五”计划中设定的 2005 年 GDP 目标在 2004 年就已经实现。县政府成立了规划编制小组，组长由县领导担任，并建立了规划编制办公室。遵照国家“十一五”规划编制指导意见开展工作。

研究工作：通常规划组织工作是由地方发改委的某个科室具体负责。

规划工作需要以大量的研究为背景，为此固始县在明确研究任务的基础上，进行了研究课题招标（通常有两个以上单位投标，通过竞争选定专家，并与中标单位签定合同）。最后，固始县的规划研究调查工作由河南省地理研究所中标，除了进行规划的前期调研，还要为“十一五”规划编制工作提供咨询服务。浙江大学工商学院就作为咨询机构协助浙江省台州市温岭市进行了规划编制的前期研究工作。

规划的准备：2005 年 8 月，固始县召开了“十一五”规划相关单位座谈会，共有来自 43 个机构的代表参加了座谈会，其中包括乡镇长、县政府有关部门以及重要企业和机构的领导。这说明，企业/经济部门对规划过程有积极的影响。一些地方，还邀请了已退休的镇长和领导干部参加座谈，因为他们执行过“九五”或“十五”计划，有丰富的经验，但是没有普通居民代表参加座谈。召开座谈会的目的是听取各方面的意见。座谈会确定了规划的方法和内容，具体确定了四个重点项目：编织项目、经济开发区、货物铁路运输和工业园。规划目标的指标主要有 GDP，预算增长率，失业率，第一、第二、第三产业的增长率，并参考国家和省级目标制定县级目标。县发改委编制规划的截止日期为 2005 年 10 月 15 日，并于 10 月下旬举办了规划文本讨论会。

讨论和论证：固始县的五年规划草案要征求乡镇有关人员的意见和建议，并将草案在媒体和互联网上进行公布（创建了一个新的网页征求意见）。报送地方党委和政府机构征求意见并进行修改。人民代表大会讨论的最后期限是 2006 年 3 月。

其他各级地方政府的规划都按照上述程序制定。发展改革委在吸收各利益相关方意见的问题上面临很大的挑战。项目专家组认为地方政府规划过于遵照上级政府意见，内容重复过多。

五年计划还包括投资项目表。投资计划通常是在部门规划的基础上制定的。在计划制定过程中，可能提议 100 个投资项目，但是经过前期可行性研究后也许只有 10 个项目通过。计划强调促进经济发展的项目，如果经济上可行就会被列为投资项目。即使项目被列入投资项目表，它的资金来源经常还不清楚，尽管通常会列出可能的融资渠道。有时，投资计划中的项目还要做可行性研究和设计。

小项目的实施可以通过谈判协商来确定合同单位，但是超过50万元的项目一般要通过竞标来确定。

（三）规划报告

国家发展改革委将关于五年规划编制的指导性文件下发给省级政府，然后由各级地方政府再结合各自的实际情况，逐级下发至县政府。从实际文件看，各级政府下发的五年规划编制指导性文件变动并不多。调研期间，专家组发现没有具有可操作性的、详细的规划编制指导手册。

下表对中国五级政府"十五"计划目录进行比较。值得注意的是各级政府的五年计划目录非常相似。下级政府与上级政府的目标是一致的，即提高国内生产总值。目录相同可能给人这样一个深刻的印象：规划过程是机械性的练习，而不是真正的创新。

表1.9　以龙港镇为例的五级政府"十五"计划目录比较

国家级	省级	地级	县级	镇级
			"九五"回顾和"十五"前瞻（1）	"九五"回顾和"十五"前瞻（1）
1. 指导方针和目标	总体要求和奋斗目标（1）	总体要求（1）	奋斗目标和战略方针（2）	奋斗目标和战略方针（2）
2. 经济结构	产业结构调整（2）	产业发展（2）	产业结构调整（3）	经济发展（3）
	国民经济和社会信息化（3）	经济社会信息化（3）		
3. 科学、教育和人才	科技教育（5）	科技教育（7）	科技教育（7）	科技教育（6）
	城市化和区域发展（6）	城市化和区域发展（4）	城市化和区域协调发展（4）	城市化和城市建设（4）
4. 人口、资源和环境	生态建设与环境保护（8）	人口、资源和环境（8）	环境保护	人口、环境保护和生态建设（8）
	基础设施建设（7）	基础设施（5）	基础设施建设（5）	基础设施（5）
5. 改革开放	相同（4）	相同（6）	相同（6）	相同
6. 人民生活	相同（9）	社会发展（9）	社会发展和人民生活（8）	社会事业（7）
7. 精神文明	相同/（10）	相同（9）	相同（9）	相同
8. 民主法制	相同（10）	相同（9）	相同（9）	相同
9. 国防建设				
10. 规划实施	相同（11）	相同（10）		
			发展环境（9）	发展环境（9）

即使是县级和镇级的计划，一般也很少涉及公共服务规划方面的问题。虽然镇一级没有要求做五年规划，但是龙港镇做了。该规划运用了现代规划手段，还包括了经济发展和不同社会部门的独立章节。

表 1.10　　县镇“十五”计划目录比较

苍南县	龙港镇
1. “九五”回顾与“十五”前瞻 –“九五”回顾 –“十五”前瞻	1. “九五”回顾和“十五”前瞻 –“九五”回顾 –“十五”前瞻
2. 奋斗目标和战略方针 –奋斗目标 –战略方针	2. 奋斗目标和战略方针 –指导思想 –奋斗目标 –战略方针
3. 产业结构调整 –农业 –工业、矿业和建筑业 –服务业 –国民经济信息化	3. 经济发展 –农业 –工业和建筑业 –第三产业 –开放型经济
4. 城市化与区域协调发展 –城市化与城镇建设 –区域协调发展	4. 城市化和城市建设
5. 基础设施建设 –交通 –水利 –电力 –信息设施	5. 基础设施建设 –交通 –水利 –电力 –信息化工程
6. 改革开放 –深化改革 –扩大开放	6. 科技和教育 –科技 –教育
7. 科技和教育 –科技 –教育	7. 社会事业 –文化 –体育 –卫生医疗 –社会保障与福利

续表

苍南县	龙港镇
8. 社会发展和人民生活 -人口 -文化 -广播电视 -医疗卫生 -体育 -扩大就业和社会保障	8. 人口、环境保护与生态建设 -人口 -环境保护 -生态环境建设
9. 发展环境 -资源保护和利用 -环境保护和生态建设 -依法治县 -精神文明建设	9. 发展环境 -深化改革 -依法治理 -精神文明建设

苍南县“十五”计划纲要还包括：①苍南县“十五”计划主要指标；②苍南县“十五”重大基本建设规划项目建议表。龙港镇的“十五”计划纲要还包括：①龙港镇“十五”计划主要指标表；②龙港镇“十五”期间主要建设项目表；③龙港镇2005～2010年长期规划三要建设项目表。

调研期间，专家组几乎收集了各级政府所有与规划有关的资料。市级五年规划资料40～500页，县级47～54页，镇级8～52页。大多数规划资料几乎都没有印刷成书或印刷成摘要宣传手册。

大溪镇和柳城街道办没有编制经济社会发展“十五”计划。

固始县的“十五”计划有54页，包括一些A3纸大小的附件。成都市的“十五”计划文本很厚，超过500页。除了战略规划外还包括12个重点部门规划及指导方针，29个一般部门规划、7个区和12个县的规划文本及7个工业园区的发展规划。

表1.11　　经济社会发展规划材料清单

河南省	“十一五”规划制定的程序和方法，14页 省发改委简介（2003/9），16页
信阳市	“十五”计划纲要，60页 有关实验区的文件（2004/6），8页 “十一五”规划指导意见（2005/8/8），53页

续表

中牟县	“十五”计划，11 页（郑州市“十五”计划，378～389 页） 农村公路 2000～2005 规划，以私人、贷款、外资或其他形式投资，23 个项目，每个项目详细信息表 “十一五”规划：规划编制的指导思想和工作计划（目标、原则、任务、时间表，16 个部门规划）。 公路部门“十一五”规划：目标和 51 个项目清单 2000～2010 年农村公路建设规划，13 页 2010 年交通建设规划，10 页
固始县	“十五”计划，54 页，包括 3 个附件 试点区域改革与发展项目，10 页
城关镇	“十五”计划文本，8 页
四川省	
成都市	“十五”计划资料 600 多页，内容包括宏观篇、战略篇、纲要篇、专项规划篇（包括 11 个专项规划）、部门规划篇（包括 29 个部门的计划纲要或指导意见）、区（市）县规划篇（包括七区、八县和四市的计划或规划纲要）和开发区规划篇（包括 7 个开发区的计划或规划纲要）
温江区	2001 年时为温江县，当时编制了“温江县国民经济和社会发展第十个五年计划及 2015 年规划纲要”，包括在成都市规划资料汇编的“区（市）县规划篇”中，共 22 页 成都市温江区政府工作报告（2005 年）（讨论稿），23 页 成都市温江区发展计划局关于 2004 年国民经济与社会发展计划执行情况及 2005 年国民经济与社会发展计划（草案）的报告，12 页 成都市温江区 2002～2005 年国民经济和社会发展主要指标
柳城街道办	“十五”计划文本没有准备
浙江省	“十五”计划文本（2001），50 页 2004 年年度报告，19 页 “十一五”规划：一本书介绍如何编制五年规划及几篇关于社会经济方面的文章 《转型和跨越的新探索》，265 页 全省劳动与社会保障情况介绍（2003），6 页 全省劳动力转移情况资料（2005/9）的报告，9 页
台州市	“十五”计划文本（2001/3/30）40 页，包括指标表（9 个主要指标和 29 个指标）及投资列表（93 个项目） 关于城镇化的建议（1999/8），12 页 指标建议（2003/8），23 页

续表

温岭市	“十五”计划文本（2001/2/19），51 页，16 个主要指标和投资计划（77 个项目） 2004 年年度报告（2005/7/29），20 页和指标表（16 个主要指标）
苍南县	“十五”计划文本，47 页，10 个主要指标和投资计划表（85 个项目） “十一五”规划：2020 年规划指导思想，43 页，包括 16 个到 2005 年需实现的“十五”指标对照表，13 个指标到 2010 年需实现的“十一五”指标
平阳县	地方财政管理体制文件，7 页
大溪镇	“十五”计划没有制定
龙港镇	“十五”计划文本 52 页，6 页附表，介绍了 15 指标，包括 2010 年投资计划表（22 个项目）、2000 ~ 2005 年的项目表（22 个项目）和 2005 ~ 2010 年的项目表（17 个项目）
鳌江镇	“十五”计划文本 37 页，包括指标表（12 个指标）、2005 ~ 2010 年的 43 个项目和 2006 ~ 2010 年的 8 个项目的投资计划表 2004 年年度报告（2005/10/13），11 页

四、关键问题

（一）流动人口

在中国，小城镇的建城区至少有三类人口。

- 持有本地城市户口的城市人口。
- 持有本地农业户口的农村人口。其中大部分人从事非农就业，有少部分人依然从事农业劳动。大多数人已从事工商业工作多年，不务农也没有农耕设备，但是他们可能更愿意持有农业户口，可以因此享有村集体的各种福利，比如村集体通过在集体土地上发展工业或商业而获得收益并分配给村民。
- 持有外地农业户口，从事非农就业的人口。即远离家乡的流动人口，又称农民工。在沿海城市和小城镇有成百万的流动农民工。例如，在大溪镇，拥有本地城镇户口的人为 7000 人，拥有本地农村户口的人为 114300 人。但是，镇总人口为 219300 人，其中 98000 人为外来农民工。

根据调研时的介绍，大溪镇的农民工在教育及其他公共服务方面与本地人口得到了相似的待遇。

一些企业在工业园区修建了单独的职工公寓楼，有的在车间上面盖了宿舍，许多农民工就住在公寓楼或宿舍里。有些小城镇规定，如果农民工买了本地（就业地）的商品房，就可以申请该地的小城镇户口。农民工及其家属与本地城镇户口人员相比，在社会保障和享受地方服务方面都有明显的差别。根据调研镇地方领导介绍，农民工可以得到一定程度的地方服务，但是，他们的社会保障程度取决于其所在企业为职工缴纳保险的情况。

这些农民工远离家乡。因为没有相应的统计资料，对他们的居住条件和工作条件了解较少。当地政府也不了解当地流动人口的确切人数。

调研显示，在考虑城镇基础设施建设时，似乎并没有考虑农民工这样一个占总人口比例相当高的人群。如果改革了户籍制度，城镇合法登记人口数就会大幅度上升，为了满足公共服务需求，就需要对公共服务的提供进行重新估算。

要规划一个和谐发展的镇，在规划基础设施及公共服务供给时，就应该平等地考虑所有居住人口，特别需要关注如何改善最弱势人群的生活状况，关注那些流动人口、贫困人口、流浪人口、以及老年人、儿童和妇女，可能还需要关注一些年轻人和农民。在进行规划时，要分析这些人的生活状况、他们面临的困难和挑战，要明确他们的面临的困难和需求。否则，他们就会被排斥在和谐发展之外，远离和谐发展。

（二）优先发展领域

规划的战略重点是实现工业化、城镇化和农业现代化，但是调研显示大多数小城镇的规划没有运用现代战略规划方法。

四川省“十五”计划（2000～2005年）优先投资交通和能源基础设施，这也是国家“西部大开发”战略内容的组成部分。根据四川省“十一五”规划，四川省的优先投资领域是：农村地区的发展，包括基础设施，如公路、医疗、教育、农民增收、工业化、通过发展物流中心来实现从农业到工业的转变、通过技术创新促进社会发展、改善环境。

五年规划中投资计划的建议项目反映了地方政府的需求。然而，通常需要投资的项目过多，在规划期内难以保证项目的实施。

（三）地方经济与就业

招商引资对案例镇来说非常重要。中牟县城关镇、苍南县龙港镇的招商引资都有一站式服务。地方政府相互竞争，吸引企业在当地落户，因此大都承诺新企业一些优惠政策。例如，在苍南县，一次性固定资产投资超过1000万人民币的外资企业减免第一年的营业税，第二、第三年的营业税减半。企业研发资金年增加10%的企业，当年的研发资金将从营业税中减半。

根据调研情况来看，国内生产总值的增长对地方政府来说是最重要的。但是，将来更为重要的应该是通过招商引资促进就业。

（四）公众参与

在中国，通过党和人大代表可以听到居民对五年规划的意见，而不是像典型西方国家的直接民主方式。在中国，非政府组织大部分是由政府出资的，如商会、贸促会、团委、妇联、残联、老龄委等。某些地方政府的公众参与制度还是比较完善的。例如，柳城街道办事处每三个月组织居民代表参与讨论发展中存在的问题。该街道办管辖11个居委会和3个行政村。大约每5～15户派一个代表参加会议，最多每个居委会派出40个代表与会。另外，某些案例镇通过专门的网站来听取市民的意见。

（五）预算与融资

1994年以来的分税制明确界定了中央与省级政府的财政关系，而且具有可操作性。但各省省以下的财政体制则因“分级负责”而差异较大，且政策期限较短。例如，2003年，浙江省人民政府文件《浙江省人民政府关于进一步完善地方财政体制的通知》（浙政发［2003］38号）规定，财政体制改革的原则之一是“分级管理”，省以下收入分成遵循“固定上交、增量分成、税收返还、总额分享”的原则，但办法期限“暂定3年”。也就是说，小城镇的财政状况尽管与税收密切相关，但是最终可支配财力却取决于其与上级政府的谈判能力。比如，浙江省台州市温岭市的大溪镇，每年均需将其所征得的税收全部上交温岭市财政，然后由温岭市政府与大溪镇政府协商决定返还给大溪镇的金额。2004年，在完成既定税收额度的前提下，温岭市财政拨付大溪镇4300万元，此外，对于大溪镇新增税收，温岭市还将新增额的20%返还给大溪镇。

一般而言，经济条件好的小城镇政府得到上级政府的财政支持越来越少，不过有时可以得到特别的政策支持。总体上看，各级政府对小城镇政府的财政转移支付是不稳定的，而且难以预测。因此，很难用可预测的方式对投资项目进行规划和实施。小城镇的融资状况也不很乐观，一般只能支付必需的运作成本。小城镇每年都需要分别向上级政府的不同部门申请各类专项资金。

小城镇的五年计划和预算没有清晰的联系。计划和地方政府的年度支出的关系也不明确。地方预算各不相同，对不同预算科目的资金分配缺乏统一的解释。

预算周期不合理。预算编制始于每年的第四季度，终于下一年的三月份。预算由地方人民代表大会审批。地方人民代表大会在短时间内有很多事情要忙，没有足够的时间审阅预算草案。每年从一月份到四月份，地方政府没有经核准的预算。这期间，根据前一年的预算，财政支出来源于财政局的提前支付。

柳城街道办事处自己平衡其收入和支出。2004 年，收入高于预算，街道办就可以保留其超出部分。估计的预算是 700 万元，但实际收入 1000 万元。因此，柳城街道办事处保留了 300 万元。这样的体制对推动税收和创收具有很好的激励作用。

根据项目案例小城镇 2004 年的乡镇财政决算表，我们按常住人口计算比较了案例镇的收支状况。分析发现，几乎所有案例镇均对预算外收入有严重依赖。例如，浙江省龙港镇 2004 年预算收入的人均值为 1725 元。上缴县财政后人均收入为 457 元，占总人均收入的 26%。而该镇的人均财政支出是 1160 元，因此收支难以平衡。通常，预算之外，首先考虑的是财政转移支付，不过上级政府对小城镇的转移支付远远不足以弥补预算缺口。事实上，大部分小城镇均是通过预算外收入将来实现收支平衡，或者通过间接借贷发展建设。

另外，在调研中发现，地方政府预算科目分类基本一致，但对预算科目的解释则有所差别，而且科目非常笼统。这样，地方政府预算支出的去向和结果就很难在部门层次上进行比较分析。因此，对各地方政府的财政状况进行比较研究的难度也相对较大，因为项目时间有限，难以深入了解。

五、改进经济社会发展规划的建议

（一）完善经济社会发展五年规划的建议

1. 改进规划的程序与方法，增强规划的法制性

（1）改进经济社会发展规划的编制程序和方法

调研发现，中国的各级地方政府都编制了经济社会发展五年计划。在县/区级以上政府，五年计划的编制工作是强制性的；在镇一级，则是自愿的。不过，镇一级基本都编制了“十五”计划，只是计划文本因各地经济条件而繁简各异。总体上看，中国的经济社会发展规划编制工作井然有序，为各级政府的经济发展指明了方向，确定了基本的发展思路。但是在编制方法和程序上还存在一些问题，有待改进。

（2）以质、量及单位成本为基础衡量地方服务，并建立一套衡量政府服务的标准化指标

从中国国家经济社会发展计划历史看，“八五”计划中有250多个量化指标，“九五”计划减少到100多个量化指标，“十五”计划更减少到38个量化指标，指标逐渐集中到宏观性、战略性指标，如国内生产总值、城镇登记失业率、城市化率。总体上看，国家、省、地级政府的“十五”计划指标是比较精确的，但是县和镇的指标则不是很精确。另外，除少数地方外，各级政府的“十五”计划仍是以经济发展为导向的计划，反映地方居民需求、政府公共服务等内容的社会发展指标还较为缺乏。在“十一五”规划中，指标被分为约束性指标和预期性指标，更加明确了政府的公共服务职责，但是怎样衡量指标还有待进一步研究。

在芬兰等西方国家，规划是对地方政府所提供服务的规划。首先对编制规划时政府所提供服务的量、质和单位成本进行核算，再设定政府服务的未来目标。然后，按部门详细核算为提供服务所需要的物质成本、人力成本和运行成本，并与该地方政府过去所提供的服务进行对比，与相邻地方政府所提供的服务进行对比，从而使地方政府在确定标准化指标的过程中学会如何提高政府服务效率。当然，这项工作不那么容易，需要大量的基础工作和分析。如果服务指标不是标准化的，进行比较分

析就非常困难，甚至会造成误导。

改进规划文化的第一步应该是先设定一些关键性指标，如年生均义务教育成本，年在校学生数，千人年均医疗卫生成本，人均日用水量，千人年均供水及污水处理运行成本。

调研还发现，现行计划中有一些资金消耗性指标，如年均预算增长率，年均部门投资。这些指标仅仅衡量资金的消耗，而不是规划结果。规划和评估的本意是衡量成果，而不仅仅是资金的消耗。

专栏 1.1　VERTTI 系统——芬兰市政服务参考数据库

VERTTI 是一个电子化的数据库，该数据库能够提供与市政服务相关的信息。该系统覆盖芬兰的 100 个地方政府，该系统包括了由地方政府自己定义的评价地方政府市政绩效的核心标准。借助于 VERTTI 数据库，地方政府既可以对自身的服务进行历史比较，也可以与其他地方政府进行横向比较，同时，也有助于对“基准”指标的评估。

WERTTI 系统针对市政服务效率，提供可比较的、不断更新的数据。事实上，该系统既是一种评估市政服务绩效和政府负责任程度的方法，又是一种改进成本监督、制度效率和质量评估的工具。VERTTI 系统最初只包括技术性服务，现在已扩展到社会服务领域。

为了实现以上目标，需要对现有统计数据进行有效利用，需要建立标准化的服务指标，需要改进服务提供者的数据系统，需要比较数据，并在地方服务规划中树立开放的观念。有效的规划服务系统还应该包括固定的、系统的用户意见调查。地方服务应该建立在地方居民需求的基础上。

撰写计划实施报告应该使用计划时设定的指标。中国地方政府每年都要撰写五年计划的年度执行情况报告。

在开发规划指标和监测系统时，应该以省级管理部门为主。统计部门应该进行年度数据采集。现有的大部分统计数据都可以用于该项工作。

在数据采集和分析时的反馈意见可以用于改进规划及规划的执行、预算，并提高地方政府效率。

目前，一些发达地区的中国地方政府和部门已经开始使用上面提到的方法。然而，总体上看，地方五年计划及报告还未使用这些先进的规划方法，因此现行计划体系还需要改进。在服务规划方法的完善上，国家发展和改革委员会及省、市、县的发改部门能够发挥重要的作用。

（3）编写经济社会发展规划指导手册，组织对规划编制人员的培训

经济社会发展规划对中国经济发展至关重要。调研发现，大部分五年计划都是由外部咨询专家与地方政府共同完成的，这些专家及其机构往往不具有象建设规划专家那样的规划资质，而且目前也没有经济社会发展规划编制实用手册和规划标准。没有全国性的、具有可操作性的规划编制指南，要改善地方政府的经济社会发展规划是比较困难的。在增强规划人员能力建设方面，国家发改委及各省发改委担负着重要的责任。目前，亟需开发一套经济社会发展规划编制实用手册，并举办相应的培训班或研讨会，大学也可以在开发规划方法方面有所贡献。在进行大规模培训前，需要先培训培训者。政府应该拨出专门的研究资金进行研究、试点。

（4）尽快出台《经济社会发展规划法》，推进规划的法制化

经济社会发展规划经由政府人民代表大会通过后便具有法律效力，但是在现实中由于没有相应的法律作保障领导换届便修改规划的事例时有发生，而且建设规划、土地利用规划和经济社会发展规划也常常发生冲突。法律约束和界定的欠缺影响了规划作用的发挥。为此，2005 年 10 月，在国家发展和改革委员会的推动下，以国务院文件的形式出台了“关于加强国民经济和社会发展第十一个五年规划的建议”（国发［33］2005）。该文件对经济社会发展规划的内容、编制程序、规划管理体系等做了具体的规定。但是，要想将经济社会发展规划纳入法制化轨道，必须出台相应的法律法规。

（5）在经济社会发展规划中强化战略规划方法

通过比较地方“十五”经济社会发展计划文本，专家组发现地方经济社会发展规划大多采用经济分析与社会分析方法，几乎见不到目前国

际上流行的战略规划方法，而大部分发达国家的中期规划或五年规划都采用战略规划方法。目前，可供地方政府参考的战略规划方法实用手册就有几十种。下面的专栏介绍了战略规划的一些关键用语和方法。

专栏 1.2　地方政府的战略规划

战略规划是地方机构决定其愿景及行动的过程。规划的目的是为地方政府找到其最佳未来和最佳路径的过程。战略规划是一种地方管理工具，为部门计划和可操作性规划提供框架，指明方向。

战略规划的成功取决于规划过程的安排。在芬兰，地方议会在就任第一年要完成规划过程。包括关于选择地方服务方式的讨论和制定相应的政策。通过参与讨论，议会代表和规划合作伙伴可以了解地方政府的任务和作用。

地方政府的规划和管理需要分析有关本地现状的数据。最典型的方法是SWOT分析方法，即深入分析本地的内在优劣势，以及影响本地发展的外在机遇与挑战。

通过举办激发创新思想的、具有创造性的规划研讨班，可以为地方争取确定地方发展的优先序和发展目标。地方目标要反映每个部门的愿景，既要有雄心壮志，也要具有现实性，要充分考虑本地的自然条件和需求状况。因为地方政府制定“自己的特别的战略规划”不是摆给外面的专家看的，而是给本地社会确定的任务。

地方政府不可能积极应对所有问题。他们必须选择做那些最重要的事，并集中精力将选定的事情做好。为此，必须明确与优先领域直接相关的活动，而且优先领域要优先配置资源，并且在这些选中的部门实施发展项目。因此，战略规划应该包括战略发展项目建议书。

除了经济社会发展五年规划，在建设规划中也需要使用战略规划方法。在经济社会发展规划/战略规划中，应该就地方发展目标达成一致意见，之后所有规划都应该以该目标为基础进行规划。为了简化规划体系，国家发展和改革委员会已经在全国选择了6个县市偿试整合经济社会发展规划、建设规划和土地利用规划，其中包括四川省的宜宾市。

战略规划是一种以地方实际情况为基础，以地方需求为目标的规划。调研发现，现行地方五年计划中包括投资项目表，但是对于这些项目能否在规划期内实施，地方政府却没有多少把握，因为本级财政没有足够的资金支持，项目能否实施取决于向上级政府申请资金是否成功或者向社会融资是否成功。随着计划向规划的转变，地方经济社会发展规划要基于地方实际，反映地方需求，对地方居民负责，因此，建议国家发展改革委在地方进行五年规划的战略规划试点，推广战略规划理念。

2. 贯彻社会发展理念，推进可持续发展规划

（1）澄清地方政府、社区组织和私人部门在地方服务中的作用

中国正处在一个经济快速发展的时期。过去，所有企业不是国营企业就是集体企业，地方政府管理所有经济事务。现在，私营企业已取得了长足的发展。我们调查的几个镇几乎都没有国营企业，但是在新形势下，地方政府的作用以及地方政府与企业的关系还没有完全厘清。许多国家的经验表明，在提供地方公共服务方面，地方政府、非营利组织（社区、村委会等第三部门）和私人部门都可以有所作为。事实上，调研发现，在提供小城镇建设和公共服务供给中，私人部门已有了一定程度的参与，但是非营利组织或社区组织还处于发育阶段。今后中央政府应该出台相应的法律法规，为社区组织的发育创造条件，从而通过社区公共服务供给机制的多元化，实现社区资源的最优化。

专栏 1.3　芬兰和欧洲地方政府的作用

在芬兰和欧洲的其他地区，地方政府被授权提供基本的地方服务，并且在地方层面为企业和商业创造有利的投资环境。欧洲的地方政府之间常常为吸引私人投资者而竞争。地方政府不参与有风险的私人部门经济活动，只营运供水公司、电力公司等提供地方公共服务的机构。对所有企业，政府都采取公平、公开的态度，促进竞争。

地方政府通常都利用私人企业提供地方公共服务。通过公开招投标，政府与企业签定合同，建造服务大楼、修路或修建下水管道。道路维护和垃圾运送一般都采取合同服务形式，电力和电信可以完全由

企业运营，儿童日间照看则可以通过地方政府分包给私人看护人员。在一些国家，供水由私人企业提供，但是另外一些国家则不允许。供水是垄断服务的一个例子。私人企业往往追求利润，而不是为弱势人群提供最好的服务。在几个供水企业私有化的案例中，企业没有对供水管网铺设和设备进行适当的投资，结果因管网和设备的维修维护成本提高了水价，这可能意味着最弱势人群只能享有较差的水质或不连续的供水或者因负担不起高水价而享受不到服务。很多案例表明，地方政府代表和居民代表管理下的地方政府企业达到的效果可能是最好的。不过，地方政府经营的企业也需要实行预算公开、收费公开、服务公开和经常性独立审计。

（2）增强经济社会发展规划的参与性

在五年规划编制过程中，大多数企业和地方的主要部门都参与了规划，但是普通公民对规划的参与还不够。规划通过后，对规划感兴趣的公民可以索要规划文本。遗憾的是，很少有人索要规划文本。事实上，像其他形式的地方规划一样，五年规划是专家和政府各部门共同执行的一项行政工作。

公民参与经济社会发展规划说起来容易，做起来难。在任何国家，参与规划的公民都不会是大部分公民，但是至少会告知大部分公民规划的简要内容、规划的进展情况、如果感兴趣怎样获得详细信息及如何影响规划。报纸、电台、电视台、网络等媒体是发布规划信息和促进公众讨论的重要方式。调查发现，媒体在有些镇的规划中已起到了积极的作用。“十一五”规划在公众参与方面已有了非常大的改进。各级政府采取了多种方式，促进居民参与规划。如河南省发改委等单位开通了规划反馈意见邮箱和热线电话。在“十一五”规划前期研究阶段，国家发改委采取面向社会公开招标的方式，从投标的300多个课题中选择了56个课题，请有关研究单位、大专院校等进行研究，形成了一批很有份量、很有价值的研究报告，为发改委提出“十一五”规划基本思路提供了重要参考。浙江省也采取了类似的方法。

村委会是处理村内公共事务的机构。在镇一级，村委会在推动公众参与规划中能够起到重要的作用。在城市，居民委员会和社区也可以起类似的作用。

有关公众参与规划在后面的建设规划中有更为详细的阐述。那里提到大部分方法都可以用于五年规划。中国还需要进一步引进新的参与式规划方法和经验，政府管理人员和规划专家对公民应该采取更为开放的态度。地方政府，特别是镇政府和县政府，要不断改善规划工作。为了使公众参与规划常规化，使参与式规划方法成为经济社会发展规划的常规规划方法，国家发改委需要制定一个公众参与的国家指导意见。

专栏 1.4　增强居民和公司之间的合作关系

VERRTI 数据库的突出特点就是倾听客户（市政居民）的需求，这是成功提供公共服务供给的重要基础。VERRTI 数据库包括衡量居民看法的几种工具，比如有关街道维护、公园质量和供水管理等方面的服务及成本的意见。这种数据和居民意见的结合对强化使用者参与有重要作用，而且在公共服务供给中可以建立正确的成本质量关系。

根据现行法律，经济社会发展规划最后要通过地方人民代表大会通过，但是调研信息表明，镇一级的人大会一年只召开一次，大会闭会期间由人大常务委员会行使其职能。某镇的镇人大常务委员会一年才开 4 次会，这样的人民代表大会怎么可能在地方规划中起作用呢？

专栏 1.5　芬兰的人民议会

在芬兰，社区委员会（人民议会）选举产生，每月开一次会。其主要任务是决定地方发展战略和计划，决定地方政府的内部运行规则和安排，决定年度预算。人民议会任命的政治委员会每周开一次会，通常在周一晚上。由人民议会任命的部门委员会大约一个月开一次会。规划议题由规划委员会准备，主要规划要由地方人民议会批准。

许多地方政府邀请人大代表中的“积极分子”参加对规划的讨论。而且在人大会讨论规划前将规划材料发给代表，请代表提意见，这些做法值得进一步推广，但是从根本上讲必须从机制上保证地方人大对规划的了解、理解。建议根据市/县的规模，由地方人大任命一个由5～7人组成的市/县规划委员会，具体负责检查该市/县有关规划活动、与公众的协商和就规划的修订和实施作出常规性的决策。

（3）将农民工纳入城镇规划人口，提高规划的公平性

中国的县由几个镇和乡构成，常住人口大部分为农业人口。镇又包括镇区和农村，大部分镇的大部分人口为农业人口，辖区的主要部分为农村地区。镇区和农村都有村集体。

比较各级政府的“十五”规划指标，可以发现几乎每级政府的规划指标中都有城镇登记失业率。但是，这里的城镇登记失业率是以本地户籍人口为基数的，并没有包括进城打工的农民工；指标中也有城镇居民人均居住面积，但是，这里的人均也仅仅是城镇户籍人口的平均，没有考虑进城农民工的住房情况。事实上，被调查小城镇的外来人口平均占实际人口的20%～50%，浙江沿海的小城镇，外来人口几乎都超过了本地人口。地方政府大致掌握有关农民工的情况，但是没有准确的统计资料，据介绍在一些镇未登记的农民工有5%～10%。但是，地方政府在制定地方经济社会发展规划时并未将外来人口考虑在内，上级政府在拨付专项资金时也未按居住人口计算；在城镇政府机构人员的配备上，同样要根据城镇户籍人口的规模来配备。因此，在东南沿海发达地区的小城镇就出现了“小马拉大车”的现象。正是由于对城镇人口和农村人口的不公平待遇才导致了城镇基础设施规划脱离实际。当然，要实现城镇人口与进城务工农民之间的真正公平，仅仅靠改变规划方式是远远不够的，还需要规划背后的财政体制改革和政府管理体制改革。

3. 强化规划的战略性，优化区域公共资源配置

（1）国民经济社会发展规划要突出战略性、宏观性和政策性

国民经济和社会发展五年规划纲要，是国务院根据中央关于制定国民经济和社会发展规划的建议，以全国的经济社会发展为对象编制的规划，与技术性规划和部门规划相比，是最基本、最重要的规划，在全国

的规划体系中处于“龙头”地位。省级规划纲要，对省内的各类规划，也具有这种功能。因此，国家及省级规划都应该突出其战略性、宏观性和政策性。

国民经济和社会发展五年规划必须坚持科学发展观。坚持以人为本，以最广大人民群众的根本利益为出发点；坚持以经济建设为中心，通过贯彻城乡统筹发展、区域统筹发展、经济社会统筹发展、人和自然和谐发展，国内和国外统筹发展，实现城镇和农村的可持续发展。要实现以人为本的可持续发展，必须有具体的政策措施保证其落实。因此，国民经济和社会发展规划必须包括具有可操作性的政策。

（2）制定以就业为导向的经济发展战略

根据目前的地方就业统计资料，我们可以获得第一、第二和第三产业的产业就业分布情况，但是在统计失业情况时，则以城镇户籍人口为基数。与此同时，在大中小城市和小城镇存在着大量的没有城镇户口的农民工。迄今为止，中国尚未建立城乡统一的劳动力统计体系。劳动力统计资料完整与否决定着地区经济发展规划中预测的准确度。

中国的县以上地区，基本上都有地方就业发展规划。就业规划应该进一步完善为地方经济发展战略。在西方国家，经济活动的宣传推广是地方政府的重要工作，一般包括规划、信息、建议和推广四个方面。

专栏 1.6　地方政府在推动经济发展中可开展的活动

进行规划

- 制定推动地方经济的经济社会发展规划和行动计划
- 制定推动地方经济的部门战略及项目
- 协调地方的部门规划和项目，推动地方经济发展

提供信息

- 邀请村集体、工业、商业、私人服务业代表和上级政府参加地方经济发展研讨会
- 在镇及县域内，建立推动地方经济发展的利益相关者网络
- 针对地方经济发展环境和地方经济发展需求问题，对企业家、

农业大户等群体进行民意调查

提出建议

- 为地方企业提供企业规划和管理咨询服务
- 创建地方企业孵化器
- 研究与企业发展相关的地方收费制度及税收制度

推广促进

- 对有可能成为企业家的人员进行培训
- 为促进招商投资，可以开展在本行政辖区和本行政辖区外开展市场营销活动
- 对农民工/年轻劳动力设立专门的就业培训项目

在芬兰，特别强调对劳动力的培训，下面的专栏介绍了芬兰的劳动力培训机制。

专栏 1.7　芬兰商业培训推动数据库

芬兰贸易产业部、农林部和劳动部将区域劳动力整合为就业经济发展中心。全国共有 15 个这样的就业经济发展中心，为商业企业、工业企业和个体私人业主提供范围广泛的、综合性的咨询和企业发展服务。这些中心提供各种课程，以帮助那些希望成立自己的公司或者希望增强其企业竞争力的中小企业。企业培训数据库的培训服务将培训和指导整合在一起，教人们学会如何建立一个公司；如何应对公司不同活动可能面临的各种困难，即如何管理公司；也常常为企业提供企业营销策划分析的培训，以帮助其确定切合实际的发展需求。培训课程既有针对企业管理者的，也有针对公司重要员工或普通员工的。每位学员都可以从网上获得有关专家及其培训服务的信息。可以直接上网搜索信息，也可以在网上填写表格。

（3）制定明确的区域发展规划体系

本项目还粗略地研究了三个省的经济社会发展五年规划，以及与市

级规划和县级规划之间的联系。在社会主义特色影响下，中国的区域规划和地方规划都是为实现国家下一个五年的发展目标服务的。按现行行政管理体制，中国的区域可以跨县、跨市，甚至跨省。区域需求、区域机遇和区域的长期发展目标往往是与国家的五年经济社会发展规划目标紧密相连的。与欧洲的区域规划相比，在中国，省、市、县的区域经济社会发展规划不包括空间分布数据，如人口和投资项目的区位图。总体上看，这些规划并未对基本服务的发展进行描述，经济社会发展规划和预算资源之间的联系不甚明确。

在欧洲，大多数国家都制定区域规划或区域发展规划。中国的《城市规划法》第 7 条提到了区域规划，但是并没有对区域规划给出明确的定义。尽管欧洲各国的区域规划或区域发展规划类型和实践各有千秋，但是在大部分欧洲国家，区域规划是包括地图的一份报告，用来展望该地区 20 年内的土地总体利用、区域内不同等级中心的划分、运输网络和保护区域等的情况。这样的规划包括大量的背景资料和分析数据、各行业的规划和实施计划。欧洲的规划监督和审批通常由建设部和/或环境部负责。欧洲的区域规划特别强调与地方建设规划的协调。中国在省、市、县都有城镇体系规划，与欧洲区域规划有一些类似的要素，但是，更强调建设，涵盖面不够。

欧洲的区域发展规划是一个中期规划，通常为5～10 年，目的是明确该区域必要的变化与发展项目。类似于中国的 5 年计划，但欧洲的区域发展规划更具有战略导向、更精确、更具体。尽管欧洲的区域规划并不是完全与地方预算相关联，但是在区域规划中包括了成本概算。在欧洲，分别有欧盟、国家政府和当地政府机构提供的明确了具体用途的区域发展基金。对于这样的基金，区域发展规划可能就是使用这些基金的一个总体计划。例如，欧洲结构基金就是区域发展基金，专门用于支持贫穷落后地区的发展。

在中国，地区发展不平衡严重，因此中国政府制定了跨省的区域发展战略，如涉及 12 个省份的西部大开发战略、涉及东北三省的振兴东北老工业基地战略和中部六省的中部崛起战略。为了实施上述区域发展战略，中国政府整合中央（如发行国债）和相关省份的资源提供支持。

专栏 1.8　欧洲区域规划方式

欧洲国家的区域规划有以下三大类型。

第一，区域经济规划是为了实现经济社会目标而制定的广义区域规划，特别强调对贫富、就业和国内不同区域社会条件差距的干预。中央政府在这类规划中起非常重要的作用，特别是在协调管理区域发展压力和公共部门投资方面起着重要的作用。

第二，综合性整体规划是系统的、正式的、从中央到地方各个层次的区域规划，整体规划用来协调公共部门的活动和跨部门活动。与区域经济规划侧重经济发展不同，综合性整体规划更强调空间协调。综合性整体规划包括两类子规划，一类与联邦系统职责相关；另一类与地方政府职责相关，突出地方政府与中央政府间的不同职责。

第三，土地使用管理规则包含在空间规划中。包括土地使用管理规则的空间规划将其任务界定的更为明确，即从战略和地方层面控制土地用途的改变。因此，对土地使用方式的管制成为保证城镇可持续发展和经济增长的主要工具。

总体上看，中国的省级政府及管辖面积较大的城市需要制定区域发展规划。这样的区域发展规划还需要不断更新，比如每五年更新一次。如果要以长期发展为目标制定区域发展规划，中国的省市可以参考欧洲区域发展规划的经验。推动区域发展规划体系的形成应该是国家发展和改革委员会的一项任务。建议国家发展和改革委员会借鉴欧洲区域发展规划经验为地方编制区域发展规划提供专业指导和监管，规划的审批可以参照现行五年规划的方式。另外，需要通过设立区域发展专项资金促进区域发展规划的有效实施，同时要特别注意使区域发展规划与地方五年规划相衔接。

专栏 1.9　大都市区合作

芬兰的赫尔辛基大都市区有 120 万人口，由四个自治市组成，但是大都市区议会负责制定涵盖四大自治市的交通体系规划并统一提供区域公共交通设施、垃圾管理和空气质量管理。先前，大都市区议会还负责协调土地利用规划。《赫尔辛基大都市区 2025 愿景》制定了区域发展的目标和内容，估算了大都市区未来的人口规模及就业增长，评估了人口及就业增长对该区域土地利用的影响。赫尔辛基大都市区议会还就区域长期发展展望印制各种研究报告和背景资料，供市政决策者、规划人员和其他人员在制定战略规划过程中参考。这些资料也包括区域数据库和针对影响该区域发展的不同问题展开的研究。大都市区议会除了对其辖区内的四个市提供服务外，还以独立合同的方式为大都市区周边的城镇政府提供服务。

在中国，许多情况下，省、市、县并不是理想的规划范围。因为有些小城镇行政上隶属不同的高级别地方政府，地理上紧密相连，经济活动交往频繁。例如，龙港镇和鳌江镇分别属于浙江省温州市的两个县，从经济发展的角度看是一个区域；同样，河南省信阳市固始县的陈淋子镇和安徽省六安市叶集镇就经济地理而言也应该属于一个经济发展区域，但分别由两个省管辖。具有这样特殊地理位置的小城镇，其发展规划需要进行跨县、跨市，甚至跨省的规划协调，这些地处行政管理边界的小城镇往往需要特别的次区域规划。

（二）完善公共预算和融资机制的建议

1. 加强小城镇社会经济发展规划与预算的联系

项目组的任务是分析小城镇及区域发展规划及其实施情况。地方政府的年度预算并不包括在内，但是撇开公共财政孤立地讨论发展规划是没有意义的，只有完善了小城镇的公共财政，才能保障小城镇经济社会发展规划的实施。因此，我们就小城镇公共财政问题进行了调查。

小城镇经济社会发展规划是对公共资源进行合理配置的战略。地方政府在五年规划和预算上的关系不太明确，或者说看不出有必然的联系。地方政府的社会经济发展五年规划是旨在促进地方经济发展和地方生产总值增长的宏观经济规划。这样的宏观经济规划与地方政府的年度运转经费之间没有明确的相关性。各地预算编制和实施方式差别较大，似乎缺乏帮助我们理解各项预算资金分配的统一说明。地方预算总体上分为行政运行预算和投资预算。五年规划和年度预算都含有投资部分，准备年度预算时可以参考五年规划中投资项目表的内容。

加强五年规划/战略规划和预算的联系是世界各国地方政府共同面临的一个难题。大部分国家都没有找到满意的答案，但也有例外，有些国家的经济社会发展规划或战略规划和预算在同一个文本中。

专栏 1.10　芬兰地方政府预算体系

芬兰地方政府每年都为后三年做预算，第一部分是下一年的预算。每年做后三年的预算使得中期融资更具有持续性。发展目标和服务指标都包括在三年预算中。预算准确地反映预算资金投入后所应取得的成果，即规划实施后的效果。例如，预算反映来年有多少学龄前儿童入学、每个儿童教育的成本是多少、需要新投资什么样的学校、需要在哪里修建新学校。三年社会发展规划和预算是在同一个文本中。

芬兰的做法可能在中国行不通，但是中国仍至少需要理顺地方五年规划和预算之间的关系。

2. 增强小城镇作为一级政府的独立财政能力

1994 年，中国实行了分税制财政体制，但是仅仅明确了中央和省级政府间的分税比例与方式，省以下的地方财政体制则是千差万别。一般而言，省以下政府间的财政关系具有“自上而下、层层决定”（不仅决定分配比例，而且决定调整比例的规则）的特征，即由省级政府决定省与地级市之间的税收分配关系，由地级政府决定地级政府与县级政府之间的税收分配关系，再由县级政府决定县级政府与镇/乡的税收分配关系。（不过，浙江、宁夏等部分省份实行了省直管县的财政体制，实践证明这种体制有利于促进县的发展。）这种自上而下的税收分配体制下，导致了基层政府财政权力的弱化。调研发现，通过两年（最多三年）一变的财政体制，一方面是小城镇财政自主能力减弱了，另一方面是小城镇的财政收入来源越来越不稳定了。大部分小城镇都实行县镇税收分成制度，分成比例的大小往往取决于镇领导与上级谈判的能力，分成比例一般会几年一变，向上负责的政府管理体制导致政府财力的向上集中，如龙港镇2001年上缴税收2.67亿元，返还镇的财力仅仅几千万。2003年，调研镇人均可支配财政收入仅300多元，但是年人均支出则为700元。因此，小城镇要维持其基本运行，必须依靠预算外收入和上级政府的财政转移支付，而这两项收入既难预测又不稳定。

因此，一方面，在法律允许的范围内，要赋予小城镇决定地方税种和税率的权力；另一方面，上级政府对小城镇的转移支付要进一步明确，地方政府间收入的分配要依据科学的公式进行，而不能靠不断的讨价还价。另外，还必须在不增加额外讨价还价的前提下清晰界定各级政府的职责。

3. 建立以结果为导向的预算

虽然项目专家仔细分析了调研镇和县的一般预算收支表，但是我们却仍然理不清地方预算究竟花在了哪些活动和任务上，这些支出的产出/结果是什么。相信批准预算的机构也很难弄清这些问题。

因此，建议改革预算分类制度，使预算更为清晰、易懂，特别要以结果为导向，在预算中要加入对主要结果的详细陈述。季度和年度预算报告是对照计划预算实施的重要方式，可以清楚地说明钱是怎么花的，取得了什么成效。当然，这就要求明确计算各种活动和服务的单位成本。

4. 为小城镇政府建立稳定、明确的收入来源

小城镇政府的预算不稳定。大多数小城镇自己没有充足的收入来源，主要靠上一级政府的不确定、不稳定的转移支付或预算外收入。因此，它们的财政计划往往现实可操作性较弱，也不太准确。

1994年以来的分税制集中了实现了地方税收的向上集中，但是却没有调整相应的支出责任。目前，地方政府过于依赖预算外收入及社区、村庄和企业对地方基础设施的投入。创建稳定、明确的小城镇收入来源非常必要。国际经验显示，基层地方政府的收入一般包括以下几类。

房地产税是世界上最典型的地方政府收入之一。在一些国家，它是一项最重要的地方税种。中国需要改革房地产税（见土地利用规划建议部分），所有房地产税都应该可以作为相应地方政府的收入。

另外，也可以征收能源税。在一些国家（南非、纳米比亚），电税的

一部分就属于地方政府的收入，电税比较容易征收，中国也可以考虑征收电税。而且，征收能源税可以促进能源更持续有效地使用。

在欧洲，个人所得税和企业所得税是一些国家地方政府税收的组成部分，或者中央和地方分享所得税。在中国，小城镇普通居民的工资较低，灵活就业人员多，征税较为困难。因此，企业所得税可能更适合作为地方税种。

水费应该包括为企业和市民提供饮用水的所有运营和投资成本。调研显示，目前的水费没有包括投资成本。地方政府应该有权决定地方的水费。为了提高透明度和增强可行性，一些国家已经把公共预算资金不应该用于供水投资写入法规。所有这些费用都应该包括在水费里，可能还包括污水处理费用。中国的情况是，除了收水费，区域供水、下水管道基础设施和污水处理厂都需要国家或地方政府给予另外的资金支持。我们认为，污水处理的运营成本和维护、供水和污水管网修理及管网小范围扩展的费用都应包括到水费中。企业应该负担所有污水处理的费用。对新管网的铺设，可以通过收取管网连接费来促进管网的投资。1998 年，中国颁布了制定水价的指导性文件。建议调整水价，使之逐步覆盖成本。

目前，中国城市的土地出让金是地方基础设施投资的重要资金来源。该问题在土地利用规划和管理中有更为详细的介绍。

专栏 1.11　地方政府的补偿机制

通常，地方有贫富之分，地方政府的收入也各不相同，这样就与它们承担的基本服务职能不相协调。因此，国家通常要拨专款用于帮助相对贫困的地方政府。

目前，为了增强地方政府的自治权，大多数欧洲国家更偏向于直接按人头拨款，而不是由具体的服务部门根据服务项目进行拨款。拨款的通则是平衡地方政府的贫富差距。贫困的地方政府比富裕的地方政府需要更多的支持。在欧洲，拨款依据的是一套平衡地方政府贫富差距的均等化算术公式。这样，就可以保证地方政府从上级管理部门获得稳定、透明、公开的拨款。

补偿机制的建立需要国家级的法律。补偿机制的具体实施中，省级行政部门可能起着更为重要的作用。

有时，地方政府需要贷款。中国国家开发银行从2004年起为小城镇提供贷款。一些地方政府还使用了世界银行或亚洲开发银行提供的城市发展贷款。在中国，允许地方政府向国际机构/投资者借贷不超过20%的投资资金。大部分的资金由地方决定其用途。就贷款而言，通常由地方财政担保，以确保本金和利息的偿还。

以上仅就地方政府收入来源的几种可能性进行了大致的讨论。有关中国地方政府稳定收入来源的问题，值得另外立项研究。

5. 加强对地方财政的管理和审计

项目组在小城镇及其所在县调研后发现，目前中国地方政府的审计分三类。

- 地方人民代表大会负责财政管理审计
- 专业财务审计
- 旨在减少腐败的党委系统的审计

目前，中国的地方政府审计工作尚未完全规范化或公开化，其专业性也有待改进。像其他一些国家一样，根据国际透明原则，中国的公共资金也存在腐败和管理不善的问题。在158个接受腐败调查的国家中，中国与老挝和摩洛哥差不多，排在第77位，处于中等水平。冰岛、芬兰和新西兰是世界上腐败最少的国家。地方政府也可能存在财政管理不善的问题。为了更有效地利用预算资金，需要实施恰当的财政管理方式。在许多国家，地方政府负责进行内部审计，而且也实行独立的外部审计，审计需要经常进行。

专栏1.12　地方政府审计的国际经验

根据国际惯例，内部审计是对地方政府活动和财政进行长期管理和监督的正常部分，内部审计包括如下内容：

- 保证活动结果
- 保证既定目标的实施

- 保证薄记和信息系统的可靠性
- 控制财产的管理
- 控制资金的使用
- 保证风险管理系统正常运作
- 保证遵守特定的规则和指南

内部审计应该由小城镇领导或县领导负责安排并监督实施，指定一个或几个财政专家具体实施地方政府的内部审计。外部独立审计和专业审计员应该负责定期审计地方政府的财政管理，通常应该在每财政年度的年末进行。

根据国际惯例，成功的审计应当考虑如下工作是否实现：

- 地方政府按照法律和人民代表大会的决议实施政府管理
- 地方政府的财政报告和收支表是按照编制财政报告的有关法律、法规进行的，该报告正确、充分地反映了一个财政年度内的该地方政府的财务状况、融资和地方债务状况
- 正确反映了政府赠款的使用情况
- 地方政府进行了规范的内部审计

审计也包括对地方政府资产管理进行评估。例如，审计人员可以查看地方政府的资产清单是否规范，清单上的财产、设备和工具是否妥善使用和保管。

审计人员应在审计报告中陈述地方政府的财政报告是否可以通过审批及地方政府是否能偿还债务。如果审计人员发现地方政府的行为违背了法律或人民代表大会的决议，应该对地方政府提起诉讼。

审计人员的报告应该对媒体和大众公开。没有公开的地方财政审计，地方政府资金很容易被非法使用。

执笔：邱爱军

第二章　城市规划

一、城市规划法规

（一）城市规划法

中国大约有数十部法律与城市规划相关，其中最重要的是《中华人民共和国城市规划法（1990）》

2005 年，建设部组织修订《中华人民共和国城市规划法（1990）》，调研获悉，该修改草案已经送达各个省征求意见，还有待全国人民代表大会的审议。

（二）城市规划相关法规

由建设部颁布的关于城市规划方面的国家级法规主要包括：

- 村庄和集镇规划建设管理条例（1993）
- 城市规划编制办法（1991）
- 城市规划编制办法实施细则（1995）
- 城镇体系规划编制审批办法（1994）
- 县域城镇体系规划编制要点（2000）
- 村庄与集镇规划编制管理条例（2000）
- 城市国有土地使用权出让转让规划管理办法（1992）
- 建设项目选址规划管理办法（1991）
- 城建监察规定（1992）[注：1995 年重发]

- 城市地下空间开发利用管理规定（1997）
- 停车场建设和管理暂行规定（1988）
- 城市规划编制单位资质管理规定（2001）
- 建制镇规划建设管理办法（1995）
- 历史文化名城保护规划编制要求（1994）
- 村庄和集镇规划建设管理条例（1993）
- 城市抗震防灾规划管理规定（2003）
- 城市防火设施规划建设管理条例（1989）
- 《外商投资城市规划服务企业管理规定》的补充规定（2003）
- 《外商投资建设工程设计企业管理规定》的补充规定（2003）

除上述提到的一些规章条例之外，还有很多相关的行政法规可能影响城市规划编制和实施。

各省市有权签发省市级行政管理区域内的一些行政法规。与本项目有关的涉及城市规划的规章条例如下：

- 河南省，村庄与集镇规划建设管理条例（1996）
- 河南省，重点镇规划编制与审批办法（2000）
- 浙江省，实施《中华人民共和国城市规划法》办法（1992）
- 浙江省，村镇规划建设管理条例（1997）
- 四川省，村庄与集镇规划编制与审批办法（1992）
- 四川省，村镇规划编制与审批办法的补充通知（1995）
- 四川省，县域城镇体系规划编制与审批办法（2000）
- 四川省，关于省级重点镇规划编制及近期建设规划编制要求的通知（2003）
- 四川省，关于加快重点小城镇建设的若干意见（2003）
- 成都市，城市规划编制审批管理暂行办法（2000）

（三）城市规划主要技术规范

城市规划方面的主要技术规范包括：

- 村镇规划标准（GB50188－93）
- 城市规划制图标准（CJJ/T 97－2003）
- 城市用地分类与规划建设用地标准（GBJ137－90）

- 城市居住区规划设计规范（GB50180－93）
- 城市规划基本术语标准（GB/T 50280－98）
- 城市规划工程地质勘查规范（CJJ/ 57－94）
- 园林基本术语标准（CJJ/T 91－2002）
- 总图制图标准（ GB/T 50103－2001）
- 城市道路交通规划设计规范（GB50220－95）
- 城市工程管线综合规划规范（GB50289－98）
- 城市防洪工程设计规范　（CJJ50－92）
- 建筑设计防火规范（GBJ16－87）
- 城市给水工程规划规范（GB50282－98）
- 城市电力规划规范（GB50293－1999）
- 城市热力网设计规范（CJJ34－2002）
- 城镇燃气规划设计规范（GB50028－93）
- 建筑设计抗震规范（GBJ11－89）
- 防洪标准（GB50201－94）
- 高层民用建筑设计防火规范（GB50045－95）
- 城市道路与建筑物无障碍设计规范（JGJ50－2001）
- 城市用地竖向规划规范（CJJ83－99）
- 城市排水工程规划规范（GB50318－2000）
- 乡镇集贸市场规划设计标准（CJJ/T87－2000）
- 城市道路绿化规划与设计规范（CJJ75－97）
- 风景名胜区规划规范（GB50298－1999）
- 城镇环境卫生设施设置标准（CJJ27－2005）
- 城市基础地理信息系统技术规范（CJJ 100－2004）

1993 年批准的关于村镇规划的相关规范仍有效，2003 年以后的规范修编还没有审批完成。

除上述列举的之外，还有许多与规划相关的建设、环境保护以及基础设施建设等方面的规范。

（四）城市规划方面的主要政策

有关城市规划方面的主要政策包括：

- 中华人民共和国国务院办公厅关于加强和推进城乡规划工作的通知（国务院 25 号文件/2000）
- 中华人民共和国国务院关于加强城市规划监督管理工作的通知（国务院 13 号文件/2002）
- 中华人民共和国国务院关于加强城市规划工作的通知（国务院 18 号文件/1996）
- 建设部关于执行中华人民共和国国务院《关于加强和推进城市规划工作的意见》的通知（建规［2000］76 号）
- 建设部关于贯彻落实国务院办公厅关于加强城乡规划监督管理的通知（建规［2002］204）
- 关于印发《近期建设规划工作暂行办法》、《城市规划强制性内容暂行规定》的通知（建规［2002］218）
- 中华人民共和国国民经济和社会发展第十个五年计划纲要

二、城市规划的界定

（一）城市规划法

根据中国现行《城市规划法（1990）》，城市是指国家按行政建制设立的直辖市、市和小城镇，即包括本项目的研究对象——小城镇。制定和实施城市规划，在城市规划区内进行建设，必须遵守《城市规划法》。

城市规划的目的是确定一个城市的规模、发展方向，以实现其经济社会发展目标。

城市规划区的范围包括城市市区、近郊区以及城市行政区域内因城市建设和发展需要实行规划控制的区域。城市规划区的具体范围，由城市人民政府在编制的城市总体规划中划定。

城市人民政府负责组织编制城市规划。县级人民政府所在地镇的城市规划，由县级人民政府负责组织编制。

城市规划的编制应当依据国民经济和社会发展规划以及当地的自然环境、资源条件、历史情况、现状特点，统筹兼顾，综合部署。

编制城市规划必须从实际出发，科学预测城市远景发展的需要；应当使城市的发展规模、各项建设标准、定额指标、开发程序同国家和地方的经济技术发展水平相适应。

编制城市规划应当注意保护和改善城市生态环境，防止污染和其他公害，加强城市绿化建设和市容环境卫生建设，保护历史遗产、城市传统风貌、地方特色和自然景观。

编制城市规划应当贯彻有利生产、方便生活、促进流通、繁荣经济、促进科学技术文化教育事业的原则。

编制城市规划应当贯彻合理用地、节约用地的原则。

编制城市规划一般分总体规划和详细规划两个阶段进行。大城市、中等城市为了进一步控制和确定不同地段的土地用途、范围和容量，协调各项基础设施和公共设施的建设，在总体规划基础上，可以编制分区规划。

（二）总体规划

根据中国现行《城市规划法（1990）》，城市总体规划应当包括：城市的性质、发展目标和发展规模，城市主要建设标准和定额指标，城市建设用地布局、功能分区和各项建设的总体部署，城市综合交通体系和河湖、绿地系统，各项专业规划，近期建设规划。

设市城市和县级人民政府所在地的总体现划，应当包括市或县的行政区域的城镇体系规划。

城市总体规划应当和国土规划、区域规划、江河流域规划、土地利用总体规划相协调。

根据建设部1990年颁发的《城市规划编制办法》（以下简称《编制办法》），城市总体规划一般规划期限为20年，同时应当对城市远景发展作出轮廓性的规划安排。近期建设规划是总体规划的一个组成部分，应当对城市近期的发展布局和主要建设项目作出安排。

在《编制办法》中，总体规划的内容确定如下：

- 综合安排市、县辖属区内的城镇体系、交通体系、基础设施、生态环境和自然景观资源等
- 提出规划期内城市人口及用地发展规模；划定城市规划区范围
- 原则确定城市发展规模和用地结构；确定市镇中心区位置

• 确定城市交通系统的布局和道路系统规划，确定城市主、次干道系统的走向、断面、主要交叉口形式，确定主要广场、停车场的位置、容量

• 综合协调并确定城市供水、排水、防洪、供电、通讯、燃气、供热、消防、环卫等设施的发展目标和总体布局

• 确定城市河湖水系的治理目标和总体布局，分配沿海、沿江岸线和城市园林绿地系统的发展目标及总体布局

• 根据城市防灾要求，提出人防建设、抗震防灾规划目标和总体布局

• 确定城市环境保护目标，提出防治污染措施；确定需要保护的风景名胜、文物古迹、传统街区，划定保护和控制范围，提出保护措施

• 历史文化名城要编制专门的保护规划

• 确定旧区改建、用地调整的原则、方法和步骤，提出控制旧城区人口密度、改善生产和生活环境的要求和措施

• 统筹安排近郊区村庄、集镇的居住用地、公共服务设施、乡镇企业、基础设施和菜地、园地、牧草地、副食品基地，划定需要保留和控制的绿色空间

• 进行综合技术经济论证，提出规划实施步骤、措施和方法的建议

• 编制近期建设规划，确定近期建设目标、内容和实施部署

技术条款如下：

• 总体规划文件包括规划文本和附件，规划说明及基础资料收入附件

• 总体规划图纸包括：市（县）域城镇布局现状图、城市现状图、用地评定图、市（县）域城镇体系规划图、城市总体规划图、道路交通规划图、各项专业规划图及近期建设规划图

• 图纸比例：大中城市为1∶10000～1∶25000，小城市为1∶5000～1∶10000，其中建制镇为1∶5000；市（县）域城镇体系规划图的比例为1∶50000～1∶100000

总体规划的内容主要根据当地环境和技术条件而定，并非所有的总体规划都包含上述内容，但是总体规划通常应该指出发展规模、经济发

展方向和市镇的空间结构形态。

（三）详细规划

根据《城市规划法（1990）》，城市详细规划应当在总体规划或者分区规划的基础上，对城市近期建设区域内各项建设作出具体规划。

城市详细规划应当包括：规划地段各项建设的具体用地范围，建筑密度和高度等控制指标，总平面布置、工程管线综合规划和竖向规划。

根据建设部1990年颁发的《城市规划编制办法》（以下简称《编制办法》），将详细规划分为两类：控制性详细规划（DDCP）和修建性详细规划（DCP）。控制性详细规划主要是在未来发展项目部确定的城市规划区内制定，而修建性详细规划则是在需要立刻进行建设的地区内制定。

根据《编制办法》，控制性详细规划编制的目的如下：

- 详细规定所规划范围内各类不同使用性质用地的界线
- 规定各地块建筑高度、建筑密度、容积率、绿地率等控制指标
- 规定各类用地内适建、不适建或者有条件允许建设的建筑类型
- 确定各级支路的红线位置、控制点座标和标高
- 规定次要道路、道路交叉口、控制点和高度
- 根据规划容量，确定工程管线的走向、管径和工程设施的用地界线
- 制定相应的土地使用与建筑管理规定

技术条款如下：

- 控制性详细规划文件包括规划文本和附件，规划说明及基础资料收入附件，其中规划文本中应当包括规划范围内土地使用及建筑管理规定
- 控制性详细规划图纸包括规划地区规划图、控制性详细规划图纸
- 图纸比例为1：1000～1：2000。

根据《编制办法》，修建性详细规划应该包括：

- 建设条件分析及综合技术经济论证
- 作出建筑、道路和绿地等的空间布局和景观规划设计，布置总平面图
- 道路交通规划设计

- 绿地系统规划设计
- 工程管线规划设计
- 竖向规划设计
- 估算工程量、拆迁量和总造价，分析投资效益

技术条款如下：

- 修建性详细规划文件为规划设计说明书
- 修建性详细规划图纸包括规划地区规划图、规划总平面图、各项专业规划图、竖向规划图、反映规划设计意图的透视图
- 图纸比例为1∶500~1∶2000

由于详细规划是针对立刻进行建设所制定的，因此详细规划的范围很广泛，从居住区、街区、人行道、城市广场、公共空间、大体育馆、娱乐中心、风景区等的规划，直到综合工业区的规划。

除了《规划法》中所描述的总体规划和详细规划这两种规划类型之外，为了更好地调控城市发展，还产生了其他类型的规划尝试。这些尝试主要分为两个方向：将规划拓展到整个区域的尺度中和将土地发展细化到微观的层面。主要包括市域规划和城镇体系规划。

市域规划是一种区域规划，主要是一个城市管辖区内的规划（中国城市规划协会，1992）。它与经济社会发展五年规划以及下面将讨论到的城镇体系规划有交叉的地方。1984年以来，新的行政体系将中心城市和周边的县合并成一个大都市行政区划，它所辖属的范围称为市域。基于此，就需要在不同等级的行政区划中寻求一种协调发展，并制定综合战略规划。市域规划曾被用于综合评估一个城市的发展状况，确定发展目标和市域内主要经济社会发展方向。它的一个主要职能是选择优势产业并确定产业结构。市域规划的编制需要参考其他政府工作计划，譬如，主要投资项目的规划等。为了给居民提供高质量的生活环境，规划需要预测出人口增长规模以及在整个市域人口的分布状况。规划还要制定环境保护的政策和标准。它还根据城市居住区划等级安排主要基础设施的布局。这样，城镇体系规划成为市域规划的一个重要方面。由于市域规划并没有在《规划法》中明确提到，因此关于市域规划的编制不同城市之间差别很大。

城镇市体系规划是一种在市域内协调城市与小城镇发展的规划形式。根据《规划法》，总体规划仅包括了中心城市，甚至有时候仅仅是中心城市的市区部分。这样以来，市域内有很大一部分没有包含在总体规划的范围之内。但是在城市的辖属内的市镇需要共同协调发展。城镇体系规划（有时独立于或是市域规划的一部分）主要用于规划市域的基础设施项目。《规划法》明确规定“设市城市和县级人民政府所在地的总体现划，应当包括市或县的行政区域的城镇体系规划”（《规划法》第19条）。

从区域发展远景来看，地理学专家进入规划组将大大地提高了城镇体系规划和城市发展的研究。城镇体系规划吸取了许多研究成果和方法，这些使它看起来更像是战略研究。它侧重于合理布局，主要是功能、等级和空间结构的布局。但是，这类规划最大的缺陷可能在于它的乌托邦理念。它试图预测区域空间发展，例如城市规模等，但实际城市规模是很难控制的。

在总体规划制定后，可以为了未来分区土地利用控制的要求制定城市分区规划。根据《规划法》第18条的规定，城市分区规划并非强制执行，并且是总体规划的一个环节。在大中型城市的总体规划的基础上，为了进一步加强各区域的土地利用、边界和发展密度的控制以及各种基础设施和公众设施的协调发展，可以制定分区规划。实际上，城市分区规划的形式多种多样。有些看起来更像是一个小区域的总体规划，而另外一些则象是控制性详细规划。这些差别主要是看城市分区规划是为了明确总体规划的总的空间结构，还是要确定土地使用性质和发展强度从而为当前的发展控制提供更详细的指导原则。

从1990年以来，城市规划的技术操作已经开始使用地理信息系统和计算机辅助设计。设计和效果图技术（尤其是在详细规划中）的应用，提高了规划文本的视觉观赏性。

（四）城市规划审批

根据《规划法》，城市的规划应经过不同级别的审查和审批。

省和自治区人民政府所在地城市、城市人口在100万以上的城市以及国务院指定的其他城市的总体规划，由省、自治区人民政府审查同意后，报国务院审批。

直辖市的城市总体规划，由直辖市人民政府报国务院审批。

本条第二款和第三款规定以外的设市城市和县级人民政府所在地镇的总体规划，报市人民政府审批。

前款规定以外的其他建制镇的总体规划，报县级人民政府批准。

城市人民政府和县级人民政府在向上级人民政府报请审批城市总体规划前，须经同级人民代表大会或者常务委员会审查同意。

城市分区规划由城市人民政府审批。

城市详细规划由城市人民政府审批；编制分区规划的城市的详细规划，除重要的详细规划由城市人民政府审批外，由城市人民政府城市规划行政主管部门审批。

城市人民政府可以根据城市经济和社会发展需要，对城市总体规划进行局部调整，报同级人民代表大会常务委员会和原批准机关备案；担涉及城市性质、规模、发展方向和总体布局重大变更的，须经同级人民代表大会或者常务委员会审查同意后报原批准机关审批。

三、城市规划管理

（一）国家层面的管理

国家的城市规划管理部门是建设部，具体工作由建设部的城乡规划司负责。

根据调研信息，中国所有的中心镇都有总体规划，而其他的小城镇也有93%制定了总体规划。不过，建设部直接受理其城市规划相关工作的城市只有86个，对小城镇规划的具体信息并不了解。

根据从建设部了解的情况，目前中国城市规划面临的主要挑战如下：

- 规划质量不高
- 规划与实际情况不吻合，目前的法规并不适用于所有的情况
- 规划师没有充足的时间和精力充分了解当地情况，他们的任务过于饱和
- 有些规划很好，许多很差
- 一些地方官员不尊重规划或对规划师下达了过多的行政命令

- 规划师是非常专业的，但是负责实施规划和规划管理的工作人员却大多没有经过适当的培训。如负责管理实施规划的工作人员中，只有大约 1/7 是经过专业培训的

目前，大部分城市规划是由自负盈亏的规划设计院完成的。规划设计院根据它们的资质分为三级。70% 的小城镇有一些规划管理人员。规划审批环节一般是邀请水平较高的外地规划专家对规划进行评审。规划编制费用一般由镇政府支付。建设部的一些城市规划师与瑞典、加拿大和俄罗斯的规划机构交流项目，但小城镇的规划部门没有类似的国际交流项目。

建设部城乡规划司的村镇建设处负责小城镇规划的实施指导工作。

建设部选取了 1887 个小城镇作为试点，称为重点镇，其选择的依据主要是各镇的人均地区生产总值和人口规模。重点镇是当地次区域的经济增长极，是未来重点建设的地区。为了支持小城镇建设，国家开发银行专门设立了小城镇基础设施建设贷款。

2005 年春季，建设部和其他六部委联合进行了试点研究，调查规划法规的实施情况。调查报告已经完成但是保密。建设部向各省进行了问卷调查。

小城镇建设中面临的主要挑战如下：

- 相关人员专业知识欠缺
- 一些小城镇负责建设规划的工作人员只是初中毕业
- 地方工作必须直接面对当地居民的生产生活需求与城镇发展之间的矛盾
- 一些地方规划院的专业水平不高
- 《城市规划法》没有受到应有的尊重。一些新上任的官员往往喜欢更改规划，一些开发商违规建设
- 地方政府财政困难，小城镇没有独立的财政。城镇基础设施建设资金不足
- 建设用地指标自上而下分配，小城镇很少分到建设用地指标

（二）省级层面的管理

1. 机构及人员

省建设厅负责政策制定、指导、管理和监督省级城市规划的编制和实施，发布省级城市规划指导性文件，负责指导本省市、县、镇、村庄的规划，进行试点研究，并组织培训。但省会城市的规划通常由建设部监管。

四川省建设厅村镇建设处有4位工作人员，城市规划处也有4位工作人员。浙江省建设厅城市建设处有10位工作人员，而村镇建设处有3位工作人员。河南省建设厅村镇规划处有6位工作人员。如果考虑一下这三个省每个省有4700万~9700万人口、有1200~4800个乡镇的话，这些省级规管理划专业人员显得太少了。

一位浙江省建设厅的城镇规划管理人员在过去的5年里考察了全省700个建制镇中的70个镇和40000个村庄中的200~300个村庄。在考察中，他会给地方管理部门提出合理化建议和专业意见。

小城镇规划的审批权在县政府，所以，省建设厅对小城镇规划的具体情况并不十分了解。

2. 规划编制情况

河南省制定了中原城市群的城镇体系规划，规划期为20年，已于2003年完成并通过省里审批，但目前还没有获得国务院的审批。

四川省也制定了城镇体系规划，并于2004年审批通过。规划的编制用了10年时间。规划的期限为2005至2020年，近期规划期限至2010年。

浙江省于1999年编制了针对整个省域的城镇体系规划。它主要涉及各市、县、镇之间的联系和职能，但却没有对于各区域未来人口的预测。规划图中还出现了道路交通规划。2005年开始进行此规划的修编。

在河南省，85%的小城镇制定了总体规划，并由县一级批准。如果省里很重要的项目落户某镇，或重要的规划与某镇相关，该镇的总体规划需要经过省级政府的审批。一般的，大多数的市一级总体规划是由省里审批的。省里主要是通过总体规划技术层面的审批而非最终形式上的审批，最终的审批权在北京。

浙江省的所有县和700多个建制镇都已经制定了总体规划。大多数的乡也制定了总体规划。全省总体规划已经经过了三轮修编。第一轮是在1996年，第二轮是在1999～2000年，第三轮是在2003～2005年。最后一轮总体规划的修编工作尚未完成。根据《规划法》，总体规划的修编工作每5年进行一次。但是，有些小城镇的领导新上任伊始就要开始总体规划修编。不过，浙江省总体规划的三次修编则并非领导意志，而是正常的总体规划修编程序。

另外，总体规划的质量差异很大。一般而言，规划设计院所作的总体规划会包含更多的规划实施方面的内容，而大学所作的总体规划这些方面的内容则要少些。

四川省有不足50%的小城镇作了控制性详细规划。据四川省规划管理部门介绍，只有一些较富裕和重要的小城镇作了控制性详细规划，原因主要是由于费用较高。由于这个原因，省规划管理部门有时要求将总体规划的内容深化到控制性详细规划的深度。控制性详细规划的图纸比例一般是1∶2000～1∶4000。控制性指标应该出现在控制性详细规划图纸上，但并不要求效果图或建筑设计细节。以前省规划管理部门对于控制性详细规划的表现要求较多，现在没有了。只有在比较重要的一些项目中，省里会要求在控制性详细规划中出现更多更细的效果图等图面表现。控制性详细规划也需要一份文本文件。

浙江省所有小城镇都有控制性详细规划，但是这些控制性详细规划并没有覆盖所有的城区面积。大多数的控制性详细规划是新发展区的控制性详细规划。一般老城区没有做控制性详细规划，只有历史文化名城会有保护性控制性详细规划。浙江省内修建性详细规划也主要是覆盖新发展区，在建成区和保护区一般不做修建性详细规划。

3. 存在的问题

所考察的省的规划管理部门所提及的城市规划和实施方面所面临的主要问题如下所述。

- 经济比较落后的乡镇缺乏足够的资金做规划
- 并非所有的县都有规划设计机构可以编制规划
- 一些总体规划的文本看起来很像是从另外的总体规划中拷贝下来

的，仅仅是改了一下地点和名称。当然，规划图是本地的

- 村镇规划水平急待提高
- 一些规划指标被高估，导致无法实施
- 城镇总体规划的实施方面很混乱，很多总体规划无法真正落地
- 新上任的领导经常通过“长官意志”改动总体规划。如果总体规划的修编是依法进行的没有问题，但往往长官意志与总体规划是相互抵触的。不幸的是，省里很难真正监管这些案例，原因是对于镇总体规划实施的监督和管理在下一级政府。市规划局一般只负责中心城区和其他各区的规划，而镇的规划的监管属于县政府
- 浙江省的经济发展速度远远超过总体规划的预期发展速度
- 几乎所有的省市都存在用地指标短缺，而这种现象在经济比较发达的浙江省尤为突出
- 底图存在较大问题

四川省有将近40%～50%的小城镇目前无法提供规划所需的1：500～1：1000的底图。在可以提供底图的一些城镇中，这些底图一般每5年更新一次。大多数城镇没有计算机和打印机等设备来存储和更新电子文本的底图。省里目前正努力将计算机等设备普及到县一级。

河南省城镇规划所用的底图一般是1：2000、1：5000至1：10000的比例。许多规划中所使用的底图版本已过时。一些小城镇已经有航拍图。

浙江省大多数的小城镇已经将底图计算机化，比例一般在1：500到1：1000。在全省四万个村庄中，共有7000个村庄已经有了较为精细的电子底图，比例一般为1：1000。村庄中这些底图一般只包含村庄部分，但有一些包含整个村域范围（包括农业耕地在内）。测绘部门隶属于土地管理部门，但一般镇建设局主要负责镇的底图制作工作。

4. 能力建设

项目调研的大多数小城镇里并没有有能力的规划和建设专业人士，主要依靠县里的专业技术支持。在市里有很多注册规划师。一般县一级的规划管理和设计人员是比较专业的，但他们大多没有注册规划师的资质。

四川省组织了很多主管规划建设的镇长培训班。但是，当这些领导

调到其他岗位以后，培训的努力就付诸东流。省里很少对县镇级规划主管部门的工作人员进行培训，据说原因主要是这些部门的人员手头的工作都太多了。

浙江省对于规划师的培训工作是很积极的。最近，省里选了 1000 个村庄作为小康示范村。培训工作一般已经覆盖到县规划设计人员和规划主管部门领导两个层面。每年省里要举办为期 3 ~ 4 天的培训班，培训人数为 200 人左右。培训班由大学教授授课，并为学员提供培训教材。最近，浙江省有 100 名县镇主管官员在清华大学接受了为期一个月的专业培训。2006 年 10 月省里将会选送部分市县规划人员到新加坡接受为期一个月的专业培训，采取自愿报名的形式，培训费用由各级政府部门支付。

（三）规划编制机构

目前，由于高速的城市化进程，中国已成为世界上最大的城市规划设计市场。城市规划市场是开放竞争的。有将近 1000 家规划机构（包括许多具有规划资质的大学）从事规划编制工作。中国目前共有 6 万名注册规划师，有规划师的学术团体和城市规划协会。规划师和规划院的注册机构为建设部下属的一个委员会。有 100 家甲级规划院，可以承担各项规划编制委托任务。每个城市都有自己的规划院。很多县有丙级规划院。境外规划公司不允许单独承担总体规划的编制任务，只能与中方规划院所进行合作，但境外规划公司可以单独承担详细规划（包括控制性详细规划和修建性详细规划）的委托任务。

中国城市规划设计研究院总部设在北京，是顶级的城市规划研究和规划机构，它在全国各地设有 10 个分院，共有 500 多位专家，其中 250 名具有注册规划师资格。规划院在北京的总部有很多城市政府委托的城市规划业务，但小城镇规划的经验很少。小城镇规划一般由省级规划院或更低一级的规划院来承接。

河南省城市规划设计研究总院有限公司前身为河南省城乡规划设计研究院，1983 年由省编委批准成立，性质为全民事业单位，隶属于河南省建设厅，是河南省唯一一家持有城乡规划编制甲级、市政工程行业设计甲级、建筑工程设计甲级、工程咨询甲级、风景园林专项设计甲级、工程监理甲级资质的综合性设计单位。规划院有专业技术人员 200 余人。

河南省大约60%的总体规划是由河南省城市规划总院完成。河南省县域总体规划的标准价格是20万元左右，城镇总体规划的价格一般是在20万~30万元之间。一般规划编制的时间为6个月。许多县里有自己的规划院可以承接规划委托，运行机制与规划公司相同。

四川省城乡规划院隶属于四川省建设厅。规划院有50~60名专业技术人员，大多数是注册规划师。一些大学也承接规划编制的委托任务。四川省的很多小城镇的总体规划是由县级规划机构承担完成的。大多数县都有这些规划机构可以承接规划的委托任务。只有很富裕的镇可以请得起规划院和大学编制它们的总体规划。大多数的县域总体规划是由规划院和大学院所完成的。

浙江省城乡规划院是浙江省国有企业。它所提供的服务涵盖了城市规划、建筑设计、基础设施规划、环境保护及废物处理等内容。

浙江省大约60%的总体规划是由浙江省城乡规划院完成的，它每年要完成20个左右总体规划的编制工作。全省大多数市一级总体规划是由该院完成的。浙江省还有一半以上的城镇总体规划也由该院完成，另外一半主要由大学院所完成。规划院有100名工作人员，其中注册规划师80名。规划院主要由本院的工作人员进行规划编制工作，基本不聘请外来人员。规划市场的竞争还是很激烈的，质量和价格是竞争中的两大要素。该院对质量的要求很高，因此有时会由于价格偏低而拒绝委托任务。院里的规划师大多超负荷工作。规划院对于规划人员的培训也很严格。规划院主要的委托任务来自浙江省，当然也承接东部其他富裕地区的委托。除此之外，规划院也有一些委托任务来自私人开发商。

无论是控制性详细规划还是修建性详细规划，规划院一般都提供建筑效果图来指导设计。这些效果图往往是一些以前规划的拷贝，由效果图公司制作完成。而规划师只需要将一些草图交给制图公司即可。在出正式图之前，规划师会看一下草模。只要规划师认可，效果图就可通过。这些效果图从理论上而言在控制性详细规划中是不需要的，只是很多地方领导看不懂规划图纸，因此才需要借助效果图来说明。

四、主要发现

专家小组调研了 5 个县、5 个镇和 1 个区的城市规划及其实施情况，对所有调研的县镇的总体规划文本都进行了分析研究，对所调研的镇的一些详细规划（包括控制性详细规划和修建性详细详细规划）也进行了分析研究。同时，专家小组还与各县镇的规划主管部门领导、主管规划的副镇长、建设局的主管领导和规划办公室的领导进行了面谈。对于县镇规划调研后的主要发现如下所述。

（一）小城镇政府和规划机构

所调研的县中，县建设局有 220 ~ 900 名工作人员（含城建局下设二级机构）。

固始县建设局有 900 名工作人员。主要的办公室和下设机构包括：

- 规划管理科
- 监察科
- 建设管理科
- 县镇建设刻
- 建设预算管理科
- 质检科
- 投标管理科
- 综合办
- 房产管理科
- 建筑测绘大队（二级机构）
- 规划设计所（二级机构）
- 建筑监理大队（二级机构）
- 房地产公司（ 二级机构）
- 2 个建筑公司（二级机构）

苍南县建设局有 260 名工作人员，其中公务员 30 名。主要的办公室和下设机构包括：

- 城市建设办公室

- 建设用地管理办公室
- 工业建设办公室
- 公共事业办公室
- 法规办公室
- 综合办公室
- 社会事务办公室
- 技术办公室（承接规划编制委托任务）

在所调研的县的城建局的规划办公室的工作人员 10～90 人，其中温岭县规划办工作人员最多。在这些人中，有 5～12 人为注册规划师。这些规划办负责管理各类规划，但并不编制规划。

除了上述情况之外，有三个调研镇里有县下设的规划办公室。这些县下设的办公室主要负责管理镇里的日常规划工作，这是在浙江省龙港镇的一种尝试。龙港镇规划办公室共有 28 名工作人员，负责人是一位注册规划师。而河南省陈淋子镇发展试验区的规划办公室的只有 4 名工作人员，其中一位负责规划工作，但没有注册规划师资格。河南中牟县城关镇由于为县政府所在地，其所有的规划直接归县里统一管理。根据《规划法》，县级政府主要负责城关镇的总体规划和详细规划的编制管理工作。

每个镇一般都有一位主管副镇长主要负责规划、土地管理、建设和环境保护等方面的工作。我们所调研的镇级建设局一般有 1～22 名工作人员，其中规划办公室的工作人员为 1～10 名不等，没有一位注册规划师。在一些小城镇中，如中牟县城关镇和固始县陈淋子镇，建设与规划设在一个办公室。一般而言，镇级规划建设管理部门主要负责规划的实施，但温岭县大溪镇规划办公室也负责规划编制的管理工作。

成都市温江区有一个规划办公室，共有 20 名工作人员，负责人为一名注册规划师。该办公室并不承接规划编制任务。除了成都市有市规划设计研究院之外，温江区也有一家小的规划设计所，有 2 名规划师。温江区规划办及其下设规划设计所都准备扩充专业人员的编制。

县镇建设主管部门与其他相关的政府部门有经常性的合作，这些部门包括县发改局、土地局、环保局等。合作主要是和这些部门的领导进行磋商，规划草案以及个别规划项目需要经常征求这些主管部门的意见。

在所调研的县中，县级建设局一般都有复印机、计算机、地理信息系统和打印机等设备。镇级规划与建设主管部门一般有计算机和复印机，但没有地理信息系统及其打印设备。多数镇级主管部门的计算机不能上网和收发电子邮件。

大多数县级建设局和规划办公室的主管领导接受过较为正式的专业培训。各镇主管规划的副镇长的专业能力不尽相同。其中，浙江省大溪镇的副镇长具有较长的专业经验和较高的专业素质。镇建设办和规划办的工作人员的日常管理工作是相似的，但是总体而言，他们都没接受过长期的与规划相关的专业教育。

城市规划一般由具备资质的规划院所和注册规划师完成。总的来说，县里的规划会委托所在地的省或市规划设计院所编制，也有一些邀请北京或上海等地的规划设计院编制。规划设计院一般针对规划任务组成规划小组，包括一位或几位规划师、交通专家以及负责基础设施方面的技术人员，还有地理学家等。规划小组成员一般不包括社会经济专家、土壤专家或是环境方面的专业人士等。除了上述内容之外，景观设计师、建筑师、效果图绘制人员和环境专家会进入详细规划的编制小组中。

（二）城镇规划现状

河南省、浙江省以及台州市都有城镇体系规划。在调研的 5 个县中，中牟县和固始县有很简单的城镇体系规划，包含在县城的总体规划内容之中，苍南县没有城镇体系规划，也没有任何县域总体规划，平阳县有覆盖全县的总体规划，温岭市也完成了覆盖整个市域的总体规划。

所调研的 5 个镇都有正式的总体规划，这些规划都是 5 年之内的较新版本。目前大溪镇正在进行新一轮的总体规划修编工作。

大多数调研的小城镇和区有 2 ~ 3 个控制性详细规划。这些控制性详细规划并没有涵盖所有的城区范围。一般老城区缺乏控制性详细规划。同时，这些控制性详细规划的质量也大不相同。

所有调研的小城镇都有许多修建性详细规划。总体而言，城镇规划主管部门无法确切地说出到底有多少个这样的规划，因为并没有关于规划的统计表格和索引图。这些规划的档案保存也并不理想。陈淋子镇有 5

个修建性详细规划。中牟县城关镇有9个这样审批生效的规划，一般是2.6公顷左右的新城区的控制性详细规划。龙港镇有70~80个修建性详细规划，每年还审批通过10~20个这样的规划。大多数龙港镇的规划是在新区，但有10%~20%是以前的修建性详细规划的调整。大溪镇有38个修建性详细规划和一份较好的规划总录，包括规划索引图以及所有规划的复印件。温江区的修建性详细规划的审批包括建设量。最近，温江区审批每年通过约25万~30万平方米的建设量的修建性详细规划。

除了官方的城市规划文件之外，温江区还对所有的街区制定了城市街区外观设计，其中一份文件包括5页文字说明和40~50页的街区景观和建筑立面效果图。中牟县城的新区的控制性详细规划和陈淋子镇的主要街道的控制性详细规划也采用了相似的方法。

（三）规划步骤

中牟县总体规划的编制步骤如下：

- 准备底图
- 收集基础资料包括社会经济5年规划等
- 询问县里意见，确定规划目标
- 向县规划局提供规划草案
- 初稿规划讨论
- 二稿规划汇报，主要是在县所有有关部门的领导和主管人员的共同会议上汇报并听取意见
- 规划评审，主要是向所有有关主管部门和专家汇报并听取意见
- 规划最终成果文本提交
- 由县和市人大常委会批准通过

在龙港镇，地方政府官员和有关专家要参与总体规划的编制过程。在规划编制的不同阶段安排2~3次公示并听取意见。每次会议由大约40人参加。人大代表可以在会议上听到群众的意见，但并非所有的人都能参加这样的会议。会议需要向人大代表们汇报，意见主要通过这些会议来收集。会后不同的政府部门会收到相关的书面意见，共收到书面意见30~40份。由温州请来的规划专家对规划草案进行评审。

在温江区，区规划的第一轮方案要在成都市和区内的公共场所公示

15 天。公示的时间地点会通知公众。有几百人去看了规划公示，并有 100 人左右去规划部门提出了建议和意见，同时还收到了其他口头和书面意见。也收到了专家和各政府部门的意见。规划的第二轮方案要通过地方政府的预审批。最终的规划文本要通过区和市两级人民政府的审批。温江区每年的 4 月 1 日为城市规划日，这天会安排城市规划方面的成果展。

总体规划编制的时间（即从规划开始到提交最终成果文本）一般不超过一年。在所调研的镇中，总体规划编制最短的时间是 8 个月。总体规划的修编一般需要 6 个月的时间。固始县的总体规划的编制花了 3 年的时间，其中最后一年主要是审批时间。规划在本级政府和上一级政府的审批通常要花几个月的时间，如果需要修改完善，则要花更长的时间。

详细规划编制的时间一般是 3 个月，较大的控制性详细规划则需要 4 ~ 5 个月。当地方政府作为委托方时，规划委托的达成一般通过协商直接委托而不是竞标的形式进行。龙港镇经常使用的一个方式是邀标两家规划设计机构同时进行详细规划的编制，而最终审批通过较好的一份详细规划文本。

（四）规划文本

总体规划的文本一般有 30 ~ 150 页不等，通常为 40 ~ 50 页左右的规划说明和 9 ~ 30 张规图纸，其中一些图纸为现状分析图，而大多数的图纸为规划图。最终的规划文本总共有 10 ~ 40 份（通常为 20 份）。在所有调研的小城镇中，有关专家和技术主管人员手里都没有总体规划的文本。另外，许多镇都没有县域总体规划的文本文件。在规划编制过程中，有些情况下也会编制另外一些比较性方案的报告，但这些材料并不包含在最终的规划文本中。

中牟县县城的总体规划文本包括城镇体系规划在内共 37 页。其中有 2 张现状分析图、1 张规划图和 6 ~ 7 张分项规划图。中牟县总体规划的具体章节如下：

- 总则
- 县经济社会发展战略
- 城镇结构规划
- 城镇性质和规模

- 城镇土地利用布局
- 镇区及周边交通体系
- 城镇供水工程规划
- 城镇电力电讯规划
- 城镇燃气及供热规划
- 城镇环境绿化规划
- 环境卫生
- 环境保护规划
- 近期建设规划
- 远期发展规划和郊区规划
- 规划实施措施
- 统计概要

详细规划的文本一般有15～20页文字、8～9页规划图纸和5～10张效果图等。

温江区的一份重要的控制性详细规划有32页A3版的文字文件、6张总体规划图纸和35页控制建设地段的分图册，上面有控制性的指标，但没有效果图。

在下面的列表中，对考察的总体规划及2个详细规划进行了概括性分析。

在调查的7个总体规划中，只有3个有较好的底图，其中有3个总体规划在土地利用现状分析中使用了不准确的底图，而另外1个根本没有底图。调查的详细规划中，只有很少的详细规划使用了正确的底图。许多详细规划在规划文本中根本没有底图。

一般，县建设局有详细规划的底图的档案资料。一些县的底图是地理信息系统中的电子格式。而小城镇总是缺少具有详细现状地形的底图，一般这些图在县建设主管部门或其在镇的下设机构中。譬如，陈淋子镇就没有具有详细现状地形的底图，甚至1：10000比例的底图也不容易获得，因为普遍认为这些材料是保密的。

所有调查的总体规划都包括规划目标。一般而言，这些目标遵循5年社会经济发展规划的要求。只有很少的具体到城市规划的目标在总体规划的规划目标中出现。总体规划中规划目标讨论得并不充分，也没有单独审批规划目标的程序。

所有调查的总体规划中都包含了城市人口、农村人口以及总人口预测。这些与社会经济发展规划和土地利用规划协调一致。城镇体系规划并不是总包含城镇及中心镇的人口预测。镇域总体规划并没有任何村庄的人口预测。城市规划中包括人均生产总值的预测，但它们对于规划的影响并不清楚。同时，规划中没有对于就业状况的预测。

规划文本中以什么标准和计算原则来确定居住、工业、服务业等的建设用地面积表述得并不清楚，但是所有的规划的相关内容包括未来用地的概括性表格（即如何按人均用地面积分配不同用地）却明确地表示出来。

据接受访问的规划师说，大多数总体规划项目包括多方案选择的研究。这些研究事关城镇城区发展方向、主要交通网络分布以及其他有关地方发展的问题，有时会做出多方案选择的报告。多方案选择主要是通过专家组运用比较的方法进行讨论。在多方案比较中，并没有对方案的优劣以及其所需投资量进行较为系统的核算。同样的情况在详细规划中也存在。

城市规划正确地表示了未来城区用地的布局和分配。基础设施规划等技术方面，如交通、给水、污水处理和供电等在所有规划中都提到了。燃气供应规划和废物处理在一些总体规划中提到。环境保护方面涵盖了一些方面，但并不准确。在调查的总体规划中，公共设施规划、土地所有权以及景观规划等很少提及。详细规划较好地涉及规划的新建筑、立面、效果图、景观设计等方面内容，而对于现存建筑的分析、其建筑质量、建成区和建筑环境则很少涉及。这些正是所调查分析的城市规划文本中最大的不足之处。

所调查的总体规划的有效期限为15~20年，通常分为5年近期实施规划和10年中期实施规划。

表 2.1　　各总体规划文本和 2 个详细规划文本的分析评估

	中牟县城关镇总体规划	固始县城镇体系规划	温江区规划	台州市城镇体系规划/总体规划	温岭市总体规划	大溪镇总体规划	陈淋子镇总体规划	龙港镇总体规划	浙江省城市体系规划	龙港镇中心详细规划	龙港海滨区详细规划
现状分析图	+	+ + +	−		+	+ +	+	+	+ +	−	+ +
人口状况	+ +	+ + +	+ +	+		−	+ +	+ +	+	−	−
就业状况、经济	−	+	−	−		−	−	−	−	−	−
公共服务设施状况	+	+ +	+ +			−	+ +	−	+	−	+ + +
土地利用现状	+ + +	−	+ +	+ + +	+ +		+ +	+ + +	+	+	+ + +
土地所有权和使用权	−	−	−	−		−	−	−	−	−	−
土壤情况	−	+	−	−		−	−	−	−	−	−
上一轮规划及其内容	−	−	−	−		−	−	−	−	−	+ + +
建筑现状和建筑环境	−	−	+	−		−	−	−	−	−	+ + +
环境现状	+	+	+ +		+ +		−	−	−	−	+ +
问题与挑战	−	+ + +	+ + +				+	+ +	+ +	+	+ + +
目标	+ +	+ + +	+ +	+ +	+ +	+ +	+	+ +	+ +	+ +	+ +
居住建筑的需求	−	−	−	+			−	+	+	−	−

续表

	中牟县城关镇总体规划	固始县城镇体系规划	温江区规划	台州市城镇体系规划/总体规划	温岭市总体规划	大溪镇总体规划	陈淋子镇总体规划	龙港镇总体规划	浙江省城市体系规划	龙港镇中心详细规划	龙港海滨区详细规划
中心等级	+ +	+ + +	+ +	+ + +	+ +	+ +	+ +	+ +	+ + +	–	+ +
郊区人口	–	+ + +	–	+	+ +	–	–	–	+	–	–
多方案选择	+	+	–	–	–	–	–	–	–	–	+ +
土地利用规划	+ + +	+	+ + +	+ + +	+ + +	+ + +	+ + +	+ + +	+ +	+ + +	+ + +
公共服务设施规划	+ +	+ + +	+ –	+ +	+ +	+ +	+ +	+ + +	+ +	+	+ + +
基础设施规划	+ + +	+ +	+ + +	+ + +	+ + +	+ + +	+ + +	+ + +	+ + +	–	+ + +
道路交通体系规划	+ + +	+ +	+ + +	+ + +	+ + +	+ + +	+ + +	+ + +	+ + +	+ + +	+ + +
城镇环境保护	+ +	+ + +	+ –	+ +	+ +	+ +	–	+ +	+ + +	+ +	+ +
规划程序	–	–	–	–	–	–	–	–	–	–	–
规划实施措施	+	+ +	+ +	+ +	+	+ +	+ +	+ +	+ +	+ +	+ + +
分期实施	+ + +	+ +	+	+ +	+ +	+ +	+ +	+ +	+ +	+ +	+ +
未来规划计划	–	–	–	–	–	–	–	+	+	+ +	+ +
正确的底图	+ + +	+	–	+	+ +	+ + +	–	+ + +	+	–	+ +

注：–资料缺乏，+ 有部分资料，+ + 资料较充分，+ + + 资料完备。

（五）与其他规划的联系

总体规划与经济社会发展五年规划的联系较为紧密。但是，总体规划的实施措施部分一般描述得过于概括，因此很少能确定一些具体项目。总体规划实施概算没有进行估算。因此，总体规划与社会经济发展规划的总投资部分的联系性不强，同时总体规划与年度发展预算也没有联系，但负责经济社会发展五年规划的人员可以对总体规划提出意见和建议。

一些详细规划中有投资概算的清单，这样便可以有针对性地实施规划。

所调研小城镇的一些行政主管部门的技术人员缺乏上一级（如市县）的总体规划文本。一般只在镇政府有一份或完全没有这样的规划文本。

总体规划与土地利用规划的目标存在一定的矛盾和冲突。总体规划力求提高建设规模和速度，而土地利用规划则力求保护尽量多的农业耕地。但两个规划中人口预测和城镇区的总体布局是相互协调的。土地利用规划的实施是非常严格的，所有违背土地利用规划和建设用地指标的城建项目都要严格控制。由于土地利用指标的限制，正式生效的总体规划和详细规划很可能无法充分实施。

调研收集到的县域城镇体系规划，有一半以上对城镇规划做出了指导性建议，而另外一半则过于笼统。而调查到的城镇总体规划则没有对村庄规划建设提出指导性建议。

详细规划一般遵循总体规划的要求，但过于笼统并不具有可操作性。修建性详细规划一般包括建筑设计和非常具体的实施细则。

在符合总体规划的原则下，大多数调研的小城镇允许少量没有详细规划的私人建设项目。

关于城市规划实施与发展控制等方面的相关研究结论，将在本书土地利用规划一章中具体介绍。

五、改进城市规划的建议

项目专家组同建设部及土地资源部的有关人员，河南、四川、浙江三省建设及土地主管部门的有关人员，以及6个县和6个小城镇的建设及土地主管部门的有关人员，进行了广泛的接触和座谈；与各级建设与土地主管部门中分管城市规划、建设以及土地规划的技术人员等都进行了座谈。同时，项目组对所收集到的浙江省城市体系规划、温岭城镇体系规划、台州城镇体系规划、中牟城镇体系规划和固始城镇体系规划，以及中牟城区总体规划、陈淋子镇总体规划、温岭市总体规划、大溪镇总体规划、龙港镇总体规划及温江区总体规划，进行了系统的分析和研究。另外，对所调研的县城以及城镇中所搜集到的各类详细规划以及各级土地利用规划也进行了分析研究。此外，还访问了一些在规划设计单位和大学工作的从业规划师。

另外，专家组还对中国城市规划的实践与欧洲的规划实践（主要是北欧和芬兰的相关规划实践）进行了比较分析。这种分析方法并不完全适用于中国的规划，因为它必须遵循中国的相关法律法规，因而有别于国外的一些规划实践。尽管如此，这种比较研究的方法较为真实地反映了中国规划发展阶段及其水平与西方发达国家规划发展和规划理念的差异。

总体而言，中国的城市规划体系是适应中国目前的快速城市化进程的，也是便于操作的。就所分析的规划而言，并没有非常差的规划。中国的注册规划师制度和大量的规划制图标准和规范等也确保了规划的基本质量。中国的规划编制，与欧洲相比，通常面临着时间短、费用低的现状。中国的城市规划师常常是满负荷工作，工作非常努力。在所有的规划实例的分析中，最引人注目的是规划中的图示说明，尤其是在详细规划中的效果图等都具有很高的质量。由此可见，中国的规划师们对于如何使用电脑进行计算机辅助设计，尤其是效果图设计非常熟练。另外，中国的详细规划，尤其是修建性详细规划的深度远远超过欧洲的相关规划。很多时候，详细规划中甚至包括建筑的总平面图、平面图以及立面效果图等，而在欧洲，这些图纸及文件一般是下一个层次的要求，即申请建设许可证时建筑设计相关文件的要求。因此，中国的详细规划所涵盖的内容要比欧洲一般的详细规划要细。在中国加强详细规划的深度有助于推进规划实施的速度，而加快速度似乎是中国城镇化进程所必需的。目前，中国是世界上在城市规划领域最大的市场。

应该明确一点，对于下面的相关评述，项目组采用了提出建设性建议和批评的方式。因此，有些意见和建议并非只针对于中国目前的规划，许多建议和改进措施对于欧洲的规划实践同样具有指导性。项目组意识到中国目前正在进行的深化改革会涉及城市发展各个领域。中国各地的“十一五”社会发展规划（2006～2010）正在编制中。关于中国城乡规划的法律草案以及财产法草案和公众参与法草案正在提交全国人民代表大会审议中。新的国家土地利用规划修编指导意见也在酝酿中。由于这些法律和文件目前还处于保密阶段，因此，项目组并没有对这些文件进行评估。同时，项目组也非常希望我们的一些好的建议和意见以后可以出现在这些法律文件中。

项目组尽量多地提出建设性的意见和建议。或许有些建议和意见在中国并不新鲜，也许有些建议和意见已经出现在中国的一些正式生效的法律和法规和规划资料集中。这些意见有多少现实意义以及它们是否真正可以提高中国的规划实践在很大程度上取决于各级规划主管部门。以下的建议和意见主要针对如何在全国、省以及各个行政区划内提高规划质量以及规划实施的力度。

（一）完善总体规划的建议

（1）所有的市县必须编制城镇体系规划

（2）城镇体系规划中需要标明各区域规划内容，即人口和就业状况、重点城镇、主要道路、保护区等

（3）出台城镇体系规划以及区域规划编制的正式生效的相关规范和标准

（4）系统分析研究目前区域发展规划，制定其指导方针，并提高促进区域发展规划

城镇体系规划对于县级以及城镇总体规划更为必要，因为它们的编制必须在更高一级行政区署的规划的基础之上。许多省、市、县已经编制了城镇体系规划。全省的城镇体系规划对其辖属的市提出了指导原则和发展目标，县级城镇体系规划对其辖属的镇和乡提出了指导原则和发展目标，镇一级的城镇体系规划则对其辖属的各行政村和自然村提出了指导原则和发展目标。在城镇体系规划中，仅仅对下一级行政区署发展提出指导原则是远远不够的。市一级的城镇体系规划应该将城市的发展重心辐射到小城镇。同时，为了发展需要，可以（在市一级的城镇体系

规划中）对县界进行调整。譬如，在本次研究中，龙港镇与陈淋子镇发展所遇到的问题就与管辖权有很大关系。

调研发现，一些县域总体规划的内容仅仅涉及县城部分。在这些情况下，县城之外的其他小城镇的发展得不到县域总体规划的任何指导性意见。

编制城镇体系规划应该是各省、市、县的强制性任务。城镇体系规划需要系统分析现有的城镇体系和人口状况，并预测未来20年行政区域以及城镇中心区域的发展状况。省域城镇体系规划可以涵盖县城区的发展，而市域城镇体系规划可以涉及建制镇的层面。所有的重点发展区域或中心区并不是按统一的速度发展。城镇体系规划选择最重要的发展重心点，并且按照区域人口和就业发展最优化的原则，在区域内统一安排这些发展重心。除此以外，规划还要显示区域交通体系以及其他基础设施建设的指导原则。同时，规划还可以标明其他重要的公共服务设施（如大学、职业教育、地区医院等）的分布情况。城镇体系规划是一个指导性体系，可以保留一定的弹性，即如果在编制后有新的数据和资料显示需要调整规划，则可以对城镇体系规划进行修编。

有些省、市、县的一些区域已经作了比城镇体系规划更细的规划。这些规划的内容包括了各行政辖属区域的城镇土地利用的目的、区域交通体系以及基础设施体系等。这些规划很清晰地显示了保护方面的内容，如自然资源保护、自然景观保护、水及地下水保护等。但是，在根据土地法所制订的土地利用总体规划的实施中，并没有提出除农耕地保护之外的其他资源保护策略。因此，建议在市/县域城镇体系规划中较为清晰地显示辖域内各种资源的保护情况。

（5）进一步增强城市规划和土地利用规划之间的协调性

目前，中国的城市规划和土地利用规划是两个独立的规划，由两个不同的中央部门主管（总体规划归建设部主管，而土地利用总体规划归国土资源部主管）；规划也分别由两条规划服务体系、两种不同性质的设计院分别完成。城市规划主要解决（城镇）建设问题，而土地利用规划主要侧重于耕地保护，但同时也寻求合适的建设用地，两者都是在试图寻求土地利用的最佳途径。

城市规划的决策权主要在地方政府，从历史数据看，其倾向往往是扩大建设用地范围。土地利用规划则需要遵循统一的土地指标配置制度。由于土地部门实施垂直管理（即直接隶属于上一级土地主管部门），审核城市建设项目的重要原则是看项目是否符合既定的用地指标要求，而不是地方政府的意愿。也就是说，任何城市发展项目都受到用地指标的严格限制。如果土地主管部门发现建设用地指标已经超标或者耕地保护受到威胁的话，他们有权取消总体规划中已审批的建设项目。

就世界范围看，中国将城市规划和土地利用规划分开来编制的做法可以说是独一无二的。一般来说，土地利用规划（中国除外）被理解为总的过程，是寻找各种土地用途（如居住、产业发展、公共设施、交通、农业以及森林保护等）的恰当解决方式的过程。耕地保护既可以清晰地在土地用途中体现，又可以在城市规划的具体过程中体现，还可以使居民和企业能够较容易地了解和理解规划及城市未来的发展。

为此，建议将城市建设规划与土地利用规划整合为一个综合规划。一种可能的结合方法是将总体规划和土地利用规划绘制在同一张底图上。规划的建成区、建设用地、城镇区之外的农业区、整个规划区域的交通系统等均可以在整合后的规划图上表示出来，从而使规划文本文件涵盖总体规划和土地利用规划两方面的要求。

根据中国试点城市的经验，在实现“两规”整合之前，可以开展以下工作：同时编制总体规划和土地利用规划，尽量采用统一的指标；在规划编制过程中组织土地规划和城市规划的规划人员召开联合座谈会和展开工作协作；推进县镇城建主管部门与土地主管部门之间的定期合作以及公开交换资料；为规划服务对象（如居民、投资商、农民）提供切实有效的共同的建议和服务；将城市建设与土地管理部门整合为一个部门，即市、县或镇的土地及建设局。

（6）强化规划中的战略规划分析方法

目前，中国已经有一些试点项目在尝试将 5 年经济社会发展规划、总体规划和土地利用规划相结合。在四川省宜宾市已经开始这样的规划试点工作，这个规划暂时被称为战略规划。

战略规划是欧洲大多数地方政府总体规划的一个重要组成部分，同时也是许多企业规划的重要组成部分。战略规划可能包括中期愿景、远期愿景以及实现愿景的战略步骤和方法。战略是对主要发展方向的学术表达，也可以用总体和具体发展目标来表示。战略规划中最常用的方法是 SWOT 分析法。SWOT 意为优势（S）、劣势（W）、机遇（O）、挑战（T）。战略规划通常为远期规划和实施提出一系列的战略项目。在欧洲，那些制订战略规划的地方政府通常不再单独制订社会经济发展规划。战略规划事实上很接近于社会经济发展规划，只是使用略微不同的规划方法和途径。战略规划为其他具体规划（如运营规划、预算规划、专项规划、战略项目规划）提供指导。因此，建议在城市建设规划中强化战略规划分析方法。

（7）提高规划编制过程以及规划结果的透明度和公开性

迄今为止，中国的城市规划看起来还是一种“自上而下”的模式，即由规划师与各相关专业人士、地方行政主管部门专家以及许多相关的地方政府部门相互配合，虽然近年来也增加了一定的公众参与性，包括群众代表、地方人民代表大会代表、社区及村委会代表等。总体而言，在规划批准生效之前，规划区域内的一般的城镇居民、住户、农民和企业家在规划编制中没有发言权，也没有可能听到或看到规划编制的过程，也不清楚它的结果。然而，规划却会实实在在地影响到他们的生活环境、现有的建筑物、农田以及规划区内的企业。规划也许要拆毁现有的建筑物。如果人们在规划编制中被忽视的话，在规划实施中很可能产生很大的冲突。

解决这个问题的具体方法建议如下：一开始就制订强制性公众参与计划；每年在布告栏中更新有关地方城市规划情况以及正在实施的规划的信息，这在欧洲一些国家是强制性要求；建立永久的或临时性的地方规划委员会，监督规划或具体的规划项目；安排针对市民的咨情公开会议，在这些会议上将规划或规划方案向公众解释并进行讨论；在由地方人民代表大会审批最终规划文本之前，首先召开关于规划信息和讨论的听证会；使用正确清晰的地图和说明性资料、航拍图、照片、幻灯片、插图等，使非专业人员也能很容易理解规划；在规划办公室或图书馆等公共场所公示规划草案 14 ~ 30 天，听取各方意见；使用印刷品、广播、地方电视等传媒手段通告规划信息；在网络上开展（或组织）关于规划的公开辩论；在规划编制过程中组织居民工作组或头脑风暴讨论会；利用居民委员会、街道办、村委会等组织通告和讨论规划；请公众在特定的时间对规划提出书面意见或建议；地方人民政府召开公开会议，并将详细会议记录公开；出版正式审批通过的规划；审批之前留30天听取更高一级政府或行政执法机构的意见，确保规划没有违背这些机构的意愿；公开散发规划文本和规划图纸的复印件，如果是规划方案的话，要在文件上标明方案及日期；在公共图书馆分发规划文本，供公众浏览；通过网络公布正式生效的规划文件，如有可能，也可包括规划方案。

（8）统一规划中底图（规格）的标准，完善规划底图的使用方式

城市规划应该在底图上完成。通过规划图与底图比较，可以将各类预留用地在底图上标示出来。为了更清楚地了解规划中对于城镇形态结构体系的调整，规划图与底图应该可供比较。除了规划之外，底图也应该是清晰易懂且在规划期间与现实情况比较吻合的。在许多情况下，中国的小城镇的总体规划图并没有底图，或者底图在规划区域内被隐藏起来，而只有在规划区域外才能够看到。一些规划师说，没有底图，规划图看起来更整齐漂亮。但是，这样一来，规划就很难被看懂。同时，由于其（在图纸上）缺乏与现实城镇环境的联系，在规划实施中也很难控制。当然，很多总体规划是带有底图的。在小城镇的镇区规划中，使用1∶10000的地形图或是土地主管部门的1∶10000的土地利用现状图是较为切实的。为土地利用规划所准备的土地利用现状图是为了将建设用地与基本农田用地区分开来。它并不显示现有的建筑情况以及地形、等高线等，因而还不足以达到城市规划底图的规格要求。由各省测绘部门所提供的地形图是更符合城市规划底图要求的图纸。这些地形图中可以显示现有的建筑物、等高线和许多细节。小城镇的总体规划需要提供这样合适的地形图作为底图。这些应该在国家所制订的规划编制办法或条例中明确指出，并要求强制执行。在镇区规划中，底图一般可以用1∶10000的地形图，如有可能，也可以使用1∶5000的地形图。在小城镇镇域总体规划中，底图比例可以是1∶50000到1∶10000不等。在目前的规划中，大量使用了计算机制图以及地理信息系统，因而可以提供各种比例的规

划图纸。

地形底图的内容在中国是很规范的。目前，中国已有80.2%的地区可以提供1:50000的地形底图。其他的地区，主要是中西部山区等也可以提供1:100000的地形图。到2005年年底，中国所有的地方都可以提供1:50000的电子地形图。到2005，年中国一半以上的地区已经可以提供1:10000的地形图。各级地方城镇区一般可以提供1:2000、1:1000甚至是1:500的现状地形图。1:50000和1:10000的地形图每4年更新一次。其他比例更小的地形图一般是2~3年更新一次。

原则上来讲，底图应该及时更新，这样可以在底图上显示现有的地形、建筑与城镇结构在规划中的情况。但这几乎是不可能的，因为随时随地都有新的建设活动。在现实操作中，稍微过时的底图是可以使用的。对于最新的底图的要求应视情况不同而定。规划师可以通过其他途径获取最新的城市结构的情况，例如通过更细的一些地图、航拍图以及现场调研踏勘等方式。一般来讲，城市规划的底图如果是10年前的就太过时了，5年前的底图还是可以的。一般对底图的要求主要取决于它绘制后的建设量和规模。有时，总体规划编制的前期准备工作的第一阶段工作便是更新底图。这一般是由地方政府与相关的测绘部门协作提供的。规划可以在一张过时的底图上开始，但是它不能在一张很差的过时的底图上完成。在规划方案阶段就应该使用较为合适的底图。

（9）完善基础资料和基础资料分析图

（10）分析建筑环境现状，保留所有好的环境

（11）尊重现有的建筑以及建成区的风格与尺度

（12）分析上一轮规划的合理要素，在上一轮规划完全实施之前不要开始在新的区域进行大规模建设

（13）规划要包括土壤及地质分析（地面、地下水、洪水、地震等）

根据《中华人民共和国城市规划法（1990）》，“编制城市规划应当具备勘察、测量及其他必要的基础资料”（第2章第17条）。

在规划编制之前，只有较好地掌握规划区域内的所有的现状资料，包括近期发展趋势、外界对于本区域的影响等，编制出来的规划才是切实可行的。在项目调研的总体规划中，基础资料的提供似乎过于粗略。

在有些个例中，地方政府仅仅收集了一些很容易获取的基础资料并将其提供给外来的规划专家，而这些专家就此作一些粗略的分析报告了事，只有很少的现状分析图使用了这些基础资料。

在调查的总体规划中，得到较好使用的基础资料如下所列。

- 规划区内城镇人口和总人口
- 土地使用现状
- 道路交通及基础设施（管道）设置现状
- 社会经济发展规划的基础资料

在调查的总体规划中，较为缺乏的基础资料分析如下所列。

- 关于人口的详细情况，如城镇区的农村人口、移民、年龄构成以及规划区域内人口的分布情况、在城镇区的分布和在农业区的分布。公共设施的规划需要关于人口分布以及人口构成的更详细的资料为基础。

- 不同部门（如农业、工业以及服务业等）可提供工作机会的数量以及其在城镇及农业区的位置。许多总体规划中没有任何关于就业信息的分布图，例如工厂的分布和它所提供的工作数量等。

- 规划区域内的公共服务设施的现状，关于这些设施分布情况的分析图，以及关于学校、卫生保健、社会及商业设施、在校学生人数、托幼、服务设施的建筑面积、建筑质量以及用地情况的详细资料。

- 土地所有权和使用权。调研的规划中，没有任何地图明确标示国有土地、集体所有土地的地界、各自然村村界以及土地使用划拨和地籍边界的现状图纸资料。

- 土壤与地质状况。调研的规划中，没有任何关于建设用地的土壤及地质状况的基础资料和地图，没有任何关于土壤分析、在建设区内不同的土壤质量、不同的地区的资料，也没有关于土壤质量的农业用地的地图。这说明，在规划编制中土壤的质量等问题并没有被很认真对待。

- 建筑以及建设环境现状。如果没有合适的底图，几乎很难了解哪里是建成区。了解情况和分析建筑现状是详细规划的一项主要任务。总体规划的一项主要职责就是保护良好的环境资源和建筑物。很多老建筑物可以修复更新而不是完全拆毁。为了提供更好、更切合实际的规划，建成区的所有关于建筑物和建筑环境的资料都是必需的。总体规划的最低要求是，底图上要显示大多数的现有建筑，规划师现场踏勘并将规划方案与现实情况相比较，以确保如文化性、历史性及功能完好的建筑物和区域不会被新的规划所破坏。关于此项内容的更多的建议将会在详细规划一节进一步讨论，不再赘述。

- 环境现状。总体规划中环境评价与分析的质量相差甚大。一般而言，这些分析看起来并不像是由专门的环境专家所写的。文字描述总体上较充实，但是环境问题、污染以及保护等问题都需要具体论述。在所调研的总体规划文本中，没有任何关于环境保护对象、环境敏感区或污染区的位置图。譬如，一个自然保护区内，地下水保护区、历史文物、公路噪音辐射区、工业污染区、受污染的池塘或河流等都要详细地显示在环境现状分析图中。

希望在国家及各省市总体规划编制条例中充分考虑上述建议，补充和完善总体规划的编制条例。

总体规划基础资料收集的内容详见“城市规划资料集”第4册《小城镇规划（2005)》。这套资料集由中国城市规划设计研究院与建设部共同编著。这套工具书建议资料的收集和分析主要通过各种规范的表格来进行。表格是有用的，但是基础资料分析图更重要。大多数的基础资料数据需要标注在图纸上。

（14）对于具体目标的公开讨论和决策

（15）需要更具体的方法测算建筑面积、土地使用需求、建筑密度及公共服务设施

有关规划目标和预测的具有法律效力的指导方针出现在城市规划法第13~16条。规划的目标可以为具体的规划技术操作提供指导方针。我们想在未来建设一个什么样的小城镇和环境不仅仅是规划师的问题，而是所规划的社区所共同关心的问题。总体规划可以从相关法规、上一级规划以及其他社会经济发展规划中获得部分的规划目标。但是，明确本地区的问题与挑战、未来经济和增长的主要方向、未来人口及就业项目、居住区的建设类型与建设面积、工业的类型、交通压力、现有建成区与自然景观资源保护、耕地保护等问题都应该包括在规划目标之内。

实际上，所有被调研的总体规划都包含了上述的一些目标。总体规

划中有代表性的目标描述罗列如下。

"××镇将发展成为工业与商业中心。现有的居住建设面积将增加。需要特别注意环境保护问题。城镇就业在2010年和2020年将分别达到××和××，城镇人口在2010年和2020年将分别达到××和××，人均国民生产总值将增加×百分点。"

上述有关规划目标的描述过于宽泛，对规划师并没有很多参考价值。关于规划目标应该更为具体，也可以首先是对于规划目标的综合描述，然后是针对不同领域的具体规划目标的描述，譬如人口、就业、居住、经济、环境、文化娱乐、公共服务设施、基础设施以及道路交通等。

另外一种扩大对于规划纲要的讨论的可能性，是采用小组工作制定战略规划的方法来制定规划目标。

规划纲要的文本应该在规划编制之前首先报批通过，在一些国家，这种审批要经过地方人民代表大会通过，这样有助于地方行政决策机构做出决定，他们需要和希望什么样的规划。当规划纲要审批通过后，其他的规划编制工作只是一项技术工作而已。

在被调研的总体规划中，对于土地需求面积的计算过于粗略。比如，大部分情况下，没有计算建筑面积，但是在最后的用地统计表中却给出了主要用地的总用地公顷数，同时也给出了居住用地和工业用地的容积率以及人均用地指标，如人均居住用地20～50平方米、人均工业用地10～25平方米。总体规划可以这样做，但是这种方式既没有给以后的规划提供任何参考建议，又不具备可实施性。同时，它也无法从中看出在现状中哪些方面是需要改变或调整的。

更为周密的方法是，根据人口和就业状况的预测计算出所需要的建筑面积和需新增的建设用地面积。通过运用人口规划以及家庭规模的预测，我们可以计算出未来对于住宅的需求量。对于居住类建筑而言，需要具体讨论新的住宅类型的分配，比如多少为1～2层的农民住宅、多少为6层以下的多层住宅、多少为6层以上的小高层或高层住宅。现行的关于中国小城镇住宅的规定，一般住宅建筑的层数不宜超过6层。通过预测人均居住面积，我们可以计算出居住建筑的层数。通过对不同类型住宅容积率的控制，我们可以计算出每类住宅的用地面积以及新增居住用地的总面积的公顷数以便于未来的规划实施。

部分新增住宅可以在现有的住宅用地中实施，或者至少必须在已审批通过的详细规划范围内实施。对已审批通过的详细规划中的可利用建设用地的分析以及对现有住宅面积的分析对于规划的制订是有帮助的。如果对现有建筑区的分类合理的话，那么对于建成区的更新改造也可以包含在新一轮总体规划中。然而，总体而言，总体规划对现有环境的分析是比较笼统的，因此在控制性详细规划中进行上述操作似乎更为切实可行。

根据人口来确定工业用地也过于笼统，建议通过工业企业的雇佣率以及工作机会来预测。每位雇员所需要的建筑面积和用地面积因工业类型的不同而存在很大差异。在欧洲，重工业每个工作需要 1000 平方米的用地，中等工业企业一般需要 200 平方米，轻工业则只需要 80 ~ 120 平方米。因此，计算工业用地的需求时，需要首先讨论希望发展什么样的工业。从现有的城镇工业企业中获取有用的信息是可能的。在中国特有的情况下，也许讨论一下职工们希望在哪里生活也会对规划师有所帮助。他们是希望住得离工厂更近，还是希望住在居民小区内呢？小城镇是希望将外来务工人员融入到它的社会生活中，还是要将他们隔离在正常的社会生活之外呢？

有关诸如教育、医疗保健、商业娱乐等公共设施的计算，在总体规划和城市规划中都不够清晰明了。公共设施最终的用地量出现在统计表格中和规划图纸上，但这些用地的确定过于笼统、不够具体。公共设施的需求与人口数有着紧密的联系。学校的需求量与孩子的人数及学生的年龄有直接的关系。公共设施位置的确定与其服务半径有直接的联系。这些地方公共服务设施在每个社区都应提供。

中国的城市规划规范对于居住、工业及公共服务设施的规定过于笼统，需要有更先进的方法来计算城市规划的建筑及用地面积。

加强对于规划目标和需求的讨论的方法是将基础资料分析、目标制订和建筑面积及土地需求量的分析统一纳入规划背景与目标研究报告，同时，在进行规划编制的技术操作之前审批通过此报告。

中国的城市规划法以及相关规划参考书似乎并不强调规划纲要编制

的重要性。看起来，从基础资料的分析到规划方案的制订仅仅是技术和经济专家对于基础资料进行分析、对于未来进行技术性预测以及编制技术性的规划纲要。实际上，对于所规划的社区和社会的未来发展及其规划目标并不仅仅是十几个具有专业知识的规划专家的一项技术性工作。

（16）花更多的精力进行多方案比较，计算和比较实施每个方案所需要的投资

（17）增加城市规划的现实可行性

详细的基础资料、明确的规划目标、对建筑面积以及用地量的准确计算可以大大限制小城镇的无序发展。典型的中国小城镇的多方案比较主要关注规划目标的细节，如城市发展方向、发展用地的多方案选择，又譬如作为居住用地考虑还是作为工业用地考虑、城镇结构以及主要道路和铁路的位置、对于城镇建成区的处理是保护还是拆毁、公共设施的位置及公共中心等。在真正的规划程序中许多问题都会经过规划师和地方政府（即委托方）讨论。但是，几乎没有任何相关讨论出现在最终的规划文本中。将现实可行的多方案反映在图纸和报告中，同时公开讨论多方案比较的结果将提高规划的质量。除了讨论之外，正确的计算方法以及科学的多方案比较也是很有帮助的。譬如，不同规划方案的投资和规划实施操作的费用是可以计算和比较的。通过对比不同的发展方向，这些费用可以以每平方米发展用地的投资量来进行衡量。一般来讲，投资量主要包括必要的基础设施建设、交通体系、新增公共服务设施以及与建筑相联系的地价等。

当然，对于多方案的比较不仅限于投资量的比较。多方案比较还应该涉及不同的环境评估、自然景观资源、建筑、社会及文化指数等。这些都是无法用金钱来衡量的资源。其他的方法如文字描述、分类、价值评分等都可以用于多方案比较，并得出最终结论。

对于多方案的评估应该得出一个清晰的结论，并推荐城市规划的最佳方案。

多方案比较可以通过向监督机构提交规划方案或通过公众参与的方式听取建议和意见。如果需要，也可以由地方人民代表大会在多方案中选择最佳方案。

（18）环境影响分析应该更具体、更公开

（19）确定和规划相关的各类保护用地（自然保护、景观、人文历史、建筑环境、水源保护等），包括农业区和村庄保护

大多数的总体规划文本都有城市环境保护这一章。典型的叙述主要是污水处理、垃圾处理，也许会涉及一些空气质量和市容市貌等方面的内容。有些环境保护区或自然保护区和发展纲领会在相关图纸上显示。前面已经具体谈到了环境基础资料的收集等相关问题。

因为大多数总体规划并没有提供多方案比较，因此很难从报告中了解在规划中是否真正考虑到环境保护等问题。在许多情况下，居住区被安排在有噪音干扰的公路边或紧邻工业区。这样一来，就需要增加一些保护性的绿化带来隔离噪音或者工业的污染。许多小城镇在镇区或城郊结合部有水渠，人们经常在水渠边洗澡、洗衣服，因而这些引水渠就被污染了。新的城市基础设施常常要调整和打乱这些水渠。环境保护文本经常提到环境或建筑环境应该改善、或是空气质量应该达到更高的标准等。如果这些是规划目标的话，为什么不在规划中显示哪些环境、哪些工业企业应当治理、什么时候开始治理等内容呢？确定重点污染地区并提出治理污染的具体措施可以切实提高规划的可行性。环境基础资料需要公开，如果公众和企业家了解更多的环境污染的真实情况的话，他们会更乐意去改善它。

在许多欧洲国家，有许许多多的保护项目和保护区受到城市规划或土地利用规划的保护，譬如自然区保护、景观保护、历史文物保护、建成区环境保护、建筑保护和水源保护等。许多新的地区通过城市规划确定下来并受到保护。这就意味着，这些应受保护的对象要在规划图中明确标示出来。同时，这些保护项目要在规划报告中予以说明。另外，关于保护的要求也应该在相关总体规划的编制条例中有所体现。

对于受到噪音和污染干扰的地区，总体规划中也应有具体的条例来说明如何避免这些污染所造成的危害。例如，制订高速路噪音污染的等级（通过隔离物和门窗进入公寓或办公空间的最高允许分贝数）或晚间工业噪音的限制等级。在管理条例一章有更详细的评述，这里不再赘言。

（20）规划村落体系，至少有选择地规划中心村

项目所调研的县镇的总体规划一般只包含城镇区的规划，仅有交通道路体系延伸到广大农村。然而，土地利用规划却涉及所有农村，甚至包括各种准备在农村实施的详细规划等。广大农村地区需要新的居住单元、公共服务设施以及基础设施等的建设。然而，在总体规划中，农业村落往往是被忽略的对象。市县编制各自的城镇体系规划，也应将镇域城镇体系规划作为总体规划的一部分或是单独编制。这类规划应该显示未来的村庄，至少涵盖中心村总人口以及人口预测。同时，应制定促进其居住、公共设施、经济以及基础设施建设的一系列指导方针。许多村庄有着有价值的环境、质量很好的乡土建筑和其他积极的特征，这些都是需要保护和发扬光大的。一些村庄局部区域的总体规划、控制性详细规划以及修建性详细规划也是需要的。目前，一些地方的土地利用规划虽然关注了耕地的保护，但是也出现了大量拆除许多功能良好的村庄来争取更多城镇建设用地的现象。许多村庄的规划根本无视村庄中原有的建筑形态。与大量拆毁的做法不同，有针对性的保存和修复一些有价值的乡土建筑可能更切实可行，同时也可为后代保留有价值的乡土文化资源。此外，增加对村庄规划的重视程度也将会减少城乡之间贫富的差异。

（21）提高目前交通规划质量（交通量预测、人行/自行车道道路网络、停车场、道路交叉口、交通安全以及公共交通等）

总体规划的所有分析都有交通规划图纸以及相对应的报告。图纸显示未来主要道路交通网络及其分类。有时现状道路与规划道路需要用不同的颜色区分出来。如果需要的话，也可把铁路标示出来。这些已经比较充分，也基本符合交通规划的最低要求。但是，对于目前的交通规划还是可以提出一些建设性的意见。

正确评估交通需求量并规划出合适的道路体系的容量是很困难的。在所调研的城镇总体规划中，没有任何一个规划对于交通量做出了预测分析。据一些中国专家介绍，相关分析方法在市一级的城市总体规划中已普遍使用。负责城镇交通规划的一些专业人士对于所规划的城镇现有及未来的私家车拥有量（车/1000 人）没有任何概念。这就是说，关于道

路的通行宽度和尺度的确定并不是根据交通量预测而来的。在一些调研的小城镇中，一些新修的道路通行区非常宽阔，但车行量极小。由此可见，许多城镇过早地在道路上投入了大量的资金。当然，从长远来看，也许这是好的。因为，目前中国小轿车的数量正在增长，许多年后道路上可能会塞满了车。自行车和公共交通也需要有单独的道路和通行区域。另外一种解决方法有可能是预留道路发展空间，目前只实施一部分而将整个的实施跨度延缓到10～20年的时间内。在许多发达国家中，道路交通体系的规划主要依靠对交通量的预测。

几乎所有现有的道路交通网络都显示道路是十字交叉的形式，如东西向道路与南北向道路十字相交，所有的道路可任意穿越（居住区和商业区）。这样是很昂贵的，也是对环境不利的。在许多情况下，可以只允许主要道路四通八达，而另外一些道路可使用嵌入的方式以尽端路结束或与中央步行道路联系起来。停车区可以靠近这些尽端路设置。这样居住区内以及一些中央区域的步行区的交通安全就得以保障。步行区以及自行车道可以使用较短和安全的路线，另外，小轿车可以绕着这些区域行驶但不能在这些区域的中心行驶。地方的公共服务设施如学校、托幼、商店、文化娱乐设施等可以沿着这些区域布置而完全不受机动车辆的干扰。一般尽端路的长度不宜超过200米。这种方法可以减少对于道路体系的投资同时提高交通安全和环境质量。

自行车是中国人一个重要的代步工具。自行车一般有单独的自行车道，紧邻机动车道。同样，步行道一般从主要道路辟出单独的步行区。在所调研的小城镇中，步行与自行车道路设置在车行道路外侧，其自己的独立的道路网络体系很难形成。在欧洲，在交通规划中，人行道和自行车道路与机动车道完全分离，从而深入到居住和公共设施区，同时常常沿着公园和绿地设置。目前，中国在道路交通规划中，这种人车不能完全分离的现象应该得到改善。另外，中国小城镇的中心区缺乏一些步行街区。在欧洲，步行街很受欢迎，人们喜欢在步行街行走，在饭店外逗留、购物和听音乐，或者在市中心的步行街上表演。步行街两侧的商业经营一般也是不错的。中国的小城镇中心区都需要更多的步行街。

目前，城镇中较好的自行车道也日益受到机动车辆的威胁。在许多情况下，机动车辆是允许停放在自行车道上或在自行车道上行驶的。如果这种情况继续下去的话，骑自行车会越来越难。一般来讲，城市规划和道路设计中需要加强对于自行车路线的设计以及对于骑自行车的人的安全的考虑。自行车包括电动自行车都是高效且有助于环境保护的交通方式。在规划时应该充分考虑到这种交通方式的要求和特点。

在中国的城市规划中，停车场的设计是很差的。目前，中国的小轿车的密度还比较低，但已呈现快速增长的趋势，会增加到多少仍是未知数。无论如何，在规划中应该充分考虑到小轿车的增加与停车场的设置等问题。需要预留停车场用地，但目前仍不需要立刻实施建设这些停车场。目前的城市规划中需要关于停车场的明确的标准。譬如在欧洲，停车场的标准可以是每户预留一个停车位，或是每70平方米居住面积配一个车位，每40平方米商业面积配一个车位或每100平方米办公面积配一个车位以及每70平方米工业建筑面积配一个车位等。建立停车场标准刻不容缓。如果以后的停车场用地不预留出来的话，机动车辆会任意停放在道路两侧而造成交通拥堵等现象。

另外，公共交通问题很少在总体规划中讨论，多数情况下只是列出了公交车站的位置。其实总体规划中完全可以包括公交车路线以及停靠站等信息。在一些调研的详细规划中有这些信息，但是详细规划所涉及的范围较小，因而无法真正分析整个公交体系的情况。以后的总体规划可以更多地涉及关于公交路线设置的一些指导性标准。

一般交通安全的设计这类很具体的事情不包含在总体规划中，而是可以包含在详细规划中，但经常被理解为街道设计或街区景观设计的一部分。但是，总体规划中就应该首先出现提高交通安全章节，然后将其贯彻到城市规划和设计的体系中去。学校的位置、日常服务设施、步行道的人车分离、与主要道路相联系的活动的位置、交叉路口的位置、红绿灯的使用、限速、道路路况、正确的路标以及柏油路上的划线等都是交通安全规划所需要考虑的内容。在欧洲，城市规划常常需要对交通安全进行系统分析。对于交通安全的分析报告也可以成为中国小城镇的总体规划报告的一部分。

（22）强化总体规划中实施措施（具体实施步骤、基础设施等）的内容

总体规划是详细规划和基础设施规划等的指导性文件。但是，调研资料显示，总体规划中没有对于未来控制性详细规划或修建性详细规划的一些规划建议。在总体规划最后应该有一章规划实施篇，篇中应列出近期规划任务等。这些应包括详细规划、交通或基础设施规划、公共设施规划、村庄规划、具体图纸、改进的地籍图纸、划拨土地价格的规划以及发展未来建设用地等。在规划图中标明规划任务的地理区位可以提高总体规划的清晰度。

（23）提供更多规划文本和规划图纸的复印件

中国地方政府一般要求规划编制单位提供10～30份最终的总体规划报告。这个数量与主要决策部门、地方官员、有关规划管理部门的专家以及其他行政部门等需求来比实在是太少了。很多时候，一些规划管理部门的工作人员完全没有上一级规划的复印件，甚至没有他们自己的城镇规划的复印件。这是不行的，既不能提高人们对于规划的理解，又不利于规划的实施。除了专家以外，任何人如果对规划感兴趣都应有机会拿到规划文本的复印件。对于一个有20万～50万人口的小城镇的总体规划，或许镇里会有几百个居民感兴趣。同时，当地的图书馆也应有总体规划的复印件。企业家和一般居民应该可以接触到总体规划。在欧洲，总体规划报告一般要有100～500份复印件。有些地方政府甚至在地方报纸上刊登这些规划和图纸，或挨家挨户散发规划的简要文本。总体规划的宣传可以推进总体规划的实施。规划报告和图纸的复印费这种较小的费用不应成为减少总体规划宣传的理由。一些规划图纸的较大的复印件可以悬挂在县镇等各级主管部门办公室的墙上。

（24）明确哪些规划的部分需要审批、哪些部分仅仅是指导方针或一般信息

通常，一份总体规划包括60页左右的报告（包括基础资料分析图和主要规划图纸），还有10～12页说明性的基础设施规划图。这些都需要进行审批吗？审批后都需要强制遵守吗？抑或哪些是需要审批且具有法律效力的？

根据欧洲的实践，一般只有总体规划图纸是正式生效的。如果规划包括一些规章规程的话，这些规程也是正式生效的。其他的所有材料可以认为是官方批准的对于未来规划实施的指导方针，但并不是具有法律效力的材料。这些材料对于决策者来说仅仅是规划师们的一些建议而已。

（25）尽量避免对总体规划作不必要的修改

从一些被调研的省份中了解到，在地方新任的行政长官上任后和有权对总体规划作出评论时，常常开始行使其修改总体规划的权利。主要的原因是新任领导想在总体规划中反映他的改革思路，提高经济发展速度和城镇建设投资规模，而这些想法并没有在已生效的总体规划中有所体现。新一届领导班子的升迁主要是通过他在小城镇执政期间的经济增长和发展等政绩来决定的。这些恐怕不应该成为修改或曲解总体规划的理由。

一般来讲，对于总体规划的修改需要真正合理的原因。譬如，上一级新的规划批准了一条新的区域铁路或公路，而这些并没有反映在已生效的总体规划文本中；抑或一些新的主要的工业建设投资或类似的投资项目需要进一步调整和修改已生效的总体规划。另外，总体规划中明显的错误当然需要修正。总体规划应该是当地社会对于未来城市发展框架所达成的共识，而不仅仅是某些地方领导的长官意志。当然，中国的地方领导在推动城镇发展中起着非常重要的作用，因此他们的意见在总体规划编制中也应该受到重视，但不可以因此随意修改规划。

（26）定期培训地方规划管理人员、规划主管部分领导以及县镇主管城建方面的领导

（27）每个县应有相当数量的注册规划师

中国的注册规划师制度是一项很好的制度，它可以确保规划都是由具有基本素质的规划技术人员所完成的。这是一个很特殊的职业，需要长时间的培训。我们所建议的培训并非大学里规划专业的规划基本素质和理论的讲授，而是基于实践规划实施和管理经验的培训。

经过与建设部以及三个省级规划管理部门的讨论得出结论，省级规划管理部门主要承担着定期培训规划师、规划主管部门以及县镇主管城建的领导的职责。所有的省每年都会安排规划研讨班等培训活动。浙江

省（也许其他经济发达省份亦如此）还组织了地方规划师和主管城建的有关领导在清华大学接受了为期一个月的城市规划培训，同时还选派规划管理人员去新加坡参加规划培训课程。这些都是非常积极和必要的。

所有的省都需要加强城市规划培训，特别是地方政府。县、镇政府也需要加强城市规划培训。中国有很多很有用的城市规划方面的资料，但是很多规划主管部门缺少这些资料。建设部的网页和各省的相关网页为地方政府和规划师提供及时更新的各项规划信息。但是，一些接受访问的规划师告诉我们，要及时充分地了解并理解所有最新的法律法规，对于规划师和规划主管部门还是一个真正的挑战。

为了加强县、镇级城市规划管理，每个县的规划主管部门应该至少有一名工作人员具有注册规划师资格。这位规划师应该有权且有能力对其所在县镇的规划，包括修建性详细规划，提出建议和意见。如今，在一些县级主管部门已经有一名或几名注册规划师，但是县级规划设计院的注册规划师数量还很不足。把这个作为强制性的规定，并赋予规划主管部门的规划师对镇级各项规划进行监督和评议的职责，可以提高镇一级各项规划的质量。

（二）完善详细规划的建议

（1）由所在县提出对所管辖区小城镇的详细规划的建议

（2）将县评议小城镇详细规划作为硬性要求

依据《城市规划法》第 21 条，小城镇的详细规划需报所在地人民政府审批。大多数小城镇的政府机构都没有注册规划师。负责小城镇规划的政府官员，大多接受过短期培训，掌握参考资料以及实际工作经验，但还是缺少有关城镇规划的基础教育。

为了提高上文提到的这些县镇的城市规划的质量，每个县的有关行政部门都应该配备一名注册规划师，并请他评议所在地的每一个规划。

浙江省规定，小城镇的详细规划只有得到县政府首肯，小城镇政府才可以审批通过。这个条件很苛刻，可能与《城市规划法》的意图不相吻合。但是，有能力的县级（规划）专家应该对小城镇的详细规划提出建议，这样的要求应该由省级政府通过制定强制性条例来实现。由县规划局提出对所辖小城镇详细规划的建议和意见，可以强化县行政部门规划咨询建议的作用。如果小城镇有一个或几个注册规划师，就可以减少这种咨询服务的需求。

（3）城市建设之前至少需要一份控制性详细规划

（4）界定控制性详细规划的最基本内容，不要包括建筑设计

（5）控制性详细规划应该完全由地方政府负责制定

依据《城市规划法》（第18条和第20条），控制性详细规划应该对城市近期建设区域内各项建设做出具体规划。控制性详细规划应该包含规划地段各项建设的具体用地范围、建筑密度和高度等控制指标以及总平面布置、工程管线综合规划和竖向规划。

依据《城市规划法》（第29～31条），城市规划区内的土地利用和各项建设必须符合城市规划，服从规划管理。城市规划行政主管部门核定其用地位置和界限，提供规划设计条件，核发建设用地规划许可证。

上述法律没有回答城市区域内的所有建设项目是否必须具备详细规划。实际的操作与详细规划有出入。大型项目和重点区域有修建性详细规划，而小型项目和私人住宅等只能依据总体规划和城市规划主管部门的用地许可证以及建设许可证等。

调研发现，一些控制性详细规划是由房地产开发商提供的。这就意味着，确定各建设项目的用地范围、建筑密度和高度等控制指标时，可能偏向于企业的商业利益，而不是公众的利益。

城市项目的实施没有详细规划是不可取的。通常总体规划无法精确地指导私人小型项目建设。完全将控制性详细规划交由地产开发商负责也是不妥的。为了更好地监控城市的发展，任何城市区域内的任何项目在实施之前都必须有控制性详细规划。小型项目可以直接依据控制性详细规划实施。大型项目和项目区需要一份修建性详细规划。

遗憾的是，《城市规划法》中没有提及控制性详细规划。法律中应该明确定义控制性详细规划，至少要界定最本质的内容，城市发展中必须实施控制性详细规划。同时，控制性详细规划中的少量内容也应出现在法律条文中。

现实中，控制性详细规划的质量也有较大差异。项目组见到的最简

单的控制性详细规划是总体规划的一张没有底图的 1：1000 比例的附图，但每个地块都有建筑密度、高度等指标控制。典型的控制性详细规划是一份独立的规划，包括规划文本以及 1：15000 或 1：1000 的土地使用规划图，每个地块的建筑密度、高度等的控制指标以及工程管线综合规划。有些控制性详细规划更加详细，对区域、建筑、街道、街道两侧建筑物的立面甚至建筑物平面布置等都有详细说明。有些针对小城镇主要街道所做的控制性详细规划甚至包括街道两侧建筑物的立面和街道景观的设计。

通常，建筑物内部的设计不需要出现在控制性详细规划中。街道景观和沿街立面设计或许可以有其他的称呼，而不是控制性详细规划。

控制性详细规划是一个好规划所不可缺少的阶段，它可以通过对现有建筑环境、建筑物的分析，提出建筑可保存、更新或拆毁等的指导性意见。控制性详细规划一般需要比例为 1：1000 或是 1：2000 至 1：5000 的地形图作为底图。

控制性详细规划可以是用来提供规划区内土地使用的总平面图，指导现有建筑和建筑环境保护或更新，为新建设区每块地提供建筑密度和建筑高度等控制性指标，以及相应的工程管线综合规划。

提供总体规划和控制性详细规划应该成为地方政府的任务。在地方政府的严格监督下，由村委会或企业依据审批生效的控制性详细规划提供详细建设规划。任何详细规划均需镇政府的批准。

（6）所有详细规划中必须有底图

（7）要包含地界图及地籍图

（8）使用现场图片、航拍图和对比区域的照片，来了解（规划区域）现在和未来的环境

（9）分析现有建筑物、现有建筑环境和土地使用的属性，指出保存什么、更新什么以及拆毁什么，不要毫无理由地拆毁现有建筑物

（10）公开讨论和决定规划目标

有很多控制性详细规划和修建性详细规划文件没有底图。也许这些规划中使用了底图，只是不在文件中。如果没有底图，我们就不清楚规划区域的位置以及现状，因而很难对这样的详细规划做出评价。规划的

主要图纸可以打印或复印在底图上，可以只是地图而没有详细规划区的边界。根据国家地图的标准绘制，一般需要 1∶500 或 1∶2000 的有足够地理信息的地图作为底图，并且应该使用最新的底图。

地形底图和详细规划中没有提供土地所有权和土地使用权的地籍边界等信息。但是，对于村集体和土地使用者而言，他们会对规划对于他们的土地的影响感兴趣。在详细规划中附正式的地籍图副本，将有助于对详细规划进行评估，通常这些应该包含在详细规划的文件中。

对于展示规划，一些有助于理解的材料和方法是必要的。从小型飞机上用一部好的相机拍摄总体鸟瞰彩色照片和详细的局部彩色照片（不是指官方的航拍照片），将照片在规划时和展示会上用幻灯机在大屏幕上放映，有助于参与者（包括普通市民）理解规划区的实际情况并对规划中的改变进行讨论。这样，可以很容易地对多个规划方案进行讨论。效果图技术可以显示新规划的建筑物在原有建筑群中的情况。中国的详细规划中经常用非常漂亮的效果图来说明详细规划，但是这些效果图的背景都是虚构的，根本不是规划区的实景。

在规划会议中使用规划区域、对照区域和其他已实施规划区域的照片，有助于讨论规划区域的规划目标并推动对多方案选择的讨论。详细规划的规划目标要以总体规划为基础，而不是与总体规划相冲突。一个小区域的控制性详细规划和修建性详细规划的具体个例中，与现有环境、建筑、新规划的住宅、建筑、工业、服务设施、景观、停车场、步行街、街道、基础设施等有关的具体目标，都需要经过讨论和加以明确界定。规划工作开始时就应确定详细规划的初步目标，并随着规划的进程不断修正。

（11）规划的过程和结果应该更加公开

（12）要与可能失去自己房子和土地的居民协商

上文所提到的公众参与与总体规划有关。详细规划的规划区域小，公众参与的作用更容易理解。它对现有的土地使用、建筑和环境的影响都是具体而微的。控制性详细规划和修建性详细规划也非常需要城镇规划中的公众参与的方法。大多数情况下，详细规划意味着一些村集体将失去他们的土地，也可能对居民的住房和企业的建筑物造成影响，因此他们有权了解正在进行的规划，同时，有权在规划进程中表达他们的意见。中国的城市规划需要更多的公众参与方法。

城市规划经批准后，城市人民政府应当公布规划（《城市规划法》第28条）。该条款是有用的，同时还需增加一条，即关于规划草案的公示制度以及公民有对规划提出意见和建议的权利。

（13）只作可以实现的详细规划（包括现存的建筑和结构、实施预算）

（14）尊重现存的建筑和环境

一些修建性详细规划看起来像是规划师梦中的理想图像。一个新的行政和商业中心可能规划在一个小城镇的建成区内，却与现存的建筑毫不相干，尺度巨大的新建筑有着极好的景观环境，却对于建成这些环境的投资没有任何概念，也对于项目能否真正实施没有任何责任感。一个巨大的工业区可能已经涉及修建性详细规划的深度，连每个单体建筑都已经设计出来，但是对于什么样的企业会入住这里却毫无概念。与此同时，有许多修建性详细规划在制作中，但看起来几乎是完全脱离现实情况的。项目组同时被告知许多人并不愿意从他们的家搬迁到其他地方，所以行政管理部门花费了许多时间和精力向他们解释规划的内容和实施的目的，但收效甚微。这些问题都需要在规划时予以澄清，而不是在规划之后。

应该检验修建性详细规划的现实可行性。对于现状的正确分析、恰当的公众参与以及恰当的宣传方法等会提高规划的现实可行性。必要的基本投资、合理的预算、计划安排以及具体负责的投资商及其投资伙伴的协商等也会增加规划的现实可行性。同时，还应明确规划的哪些部分目前是不现实的。

《城市规划法》第27条是关于城区改造与更新的内容，强调“城市旧区改建应当遵循加强维护、合理利用、调整布局、逐布改善的原则，统一规划，分期实施”，但没有提及如何对待现有的建筑物和现有的建筑环境。建议在修改规划法时增加在规划中充分考虑现有建筑与环境的价值的相关内容，需要对保护现有地段的主要特征的可能性进行比较性研究，尊重房屋的所有权和土地使用权以及研究如何维护和维修现有的建筑物，而不只是拆毁它们。

（15）只有当企业要真正建设时，才应该在详细规划包括建筑设计的内容

根据城市规划法第20条，修建性详细规划应该包括关于各种建设项目的具体规划。在许多情况下，这些被理解为需要包括建筑的总平面以及房间、门窗尺寸和立面等内容，这些已经达到了建筑设计的深度。一般来讲，欧洲的修建性详细规划的内容是不包括建筑的平面布置的，建筑的位置可以标示出来，但是不包括建筑内部的各种细节。如果中国的地方政府负责修建性详细规划的编制而不清楚什么样的企业或发展商将会具体实施这些规划，则不需要达到建筑设计的深度。这些内容可以是申请建设许可证时所需要的相关内容。如果一个开发商开发某个地段，需要加快开发的速度的话，可以在修建性详细规划中包含建筑设计的内容，也许这是切实可行的。与此同时，这些内容也可以起到推进和宣传项目的作用。

（16）修建性详细规划不仅需要规划图，还应该包括规划实施管理的规章制度

中国的详细规划一般不包括规划实施管理的规章制度。在一些欧洲国家，详细规划都包括实施详细规划的具体的规章制度。一些国家的城市规划部门会颁布一些可供地方参考的规划编制参考手册，这些手册中有实施规划的具体管理条例。这些规划管理条例涉及的内容很多，比如建筑的材料、色彩和建筑设计指导，对停车场、操场、栅栏的建设标准等也都在详细规划给出了具体的实施管理规章。

（17）更好地分析村庄、乡土建筑及环境，作出保护性规划

村庄中的公共服务设施通常都比较差。它们缺乏合适的道路、供水设施、部分建筑的质量较差。很多村庄中的建筑因为村民已经迁往他处而空置。有些村庄是需要更新改造的。这些更新改造可以是提高村庄的基础设施、更新现有建筑、保护传统建筑环境以及将村民们迁往中心村以及将旧村拆毁退耕还林。与完全改变旧村建新村的做法相比，更新改造现有村庄设施的做法一般比较便宜。通过保存现有的村庄或部分村庄，它们的传统建筑形式、环境和乡土文化、中国村庄和乡土建筑的多样性

和差异性都可以较好地留给下一代。与完全改变村庄和它们的位置以及在整个中国建立标准化村庄的做法相反，改善许多现有的村庄并在它们原有的乡土形态传统的基础上保护和更新也是一种选择。当然，并非所有的村庄都需要保护，有些需要完全重建。哪些需要部分保护或完全保护，需要具体情况具体分析。这些可以在总体规划或修建性详细规划中有所体现。总体上看，有关村庄保护和整治的修建性详细规划工作还需加强。

（18）应该澄清哪些是需要审批和强制执行的、哪些仅仅是指导原则或一些基本情况

通常，一份详细规划会包括30多页的报告、一些基础资料分析图纸、主要规划图纸以及5～10页说明性图纸、甚至建筑的立面及总平面图等。那么，哪些是需要审批和正式生效的？所有的材料都需要批准和正式生效吗？

据欧洲的规划实践，只有详细规划的主要图纸是正式生效的。如果规划图纸附有一些执行规范等，这些规范也是正式生效的。其他材料只是对未来实施的指导方针，但并非强制性文件。这些并没有给决策者提供的材料只能认为是规划师们的一些建议和观点而已。

（19）完善规划和底图的档案管理

（20）保留正式生效的规划索引图

（21）明确（规划中）哪些属于保密文件

在一些小城镇，找到正式生效的规划文本和现状地图似乎有些困难。唯一的规划文本可能保存在政府部门的某个地方，但是在哪儿呢？对于到底有多少详细规划，有多少区域已经做过详细规划这个问题，许多小城镇政府部门的工作人员都回答不上来。也许另外的主管部门清楚或者上一级主管部门清楚。小城镇城建局和土地局分别有各自的地图，但是图纸上的镇区却不同，这些资料并没有共享。小城镇负责协调规划也许是事实，但是底图和规划图却在县级主管部门的办公室里。

凡是需要规划文本及规划图的地方，政府部门都应保存完整的规划文本及规划图。由城建局或规划局负责制作的城市规划和地形底图，在土地局应可方便地查阅。而由土地局负责制作的土地利用规划和地籍图，

在城建局或规划局也应该可以方便地查阅。资料在政府行政机关部门间交流共享，可以不收取费用。当这些材料复印分发给行政机关以外的机构、企业和居民时，可适当收取复印费。如果底图经常更新的话，分发的复印件也应是最新的版本。如果有些规划报告和图纸是保密的话，应该明确指出这些材料为什么保密以及谁可以得到它们。一般来说，与国家安全相关的一些问题如军事区域等是保密的。普通的规划和图纸没有什么可保密的。

各级地方政府都应该规范有序地管理其规划和图纸。所有与城市规划以及项目与土地审批相关的办公室都应保存所有正式生效的图纸索引目录，如现状底图、地籍图等。这些图纸应该进行正确的图纸归档，原图可以永久保留并可提供复印之用。每个地方政府都应负责整理和更新其规划文本和图纸档案，准备索引地图以及建立便捷的电子数据操作平台。

执笔：吕红医　邱爱军

第三章　土地利用规划

一、土地利用规划法律法规

（一）土地所有权

根据中国宪法，城市的土地属于国家所有；农村和城市郊区的土地，除由法律规定属于国家所有的以外，属于集体所有；宅基地和自留地、自留山，也属于集体所有。国家为了公共利益的需要，可以依照法律规定对土地实行征收或者征用并给予补偿。任何组织或者个人不得侵占、买卖或者以其他形式非法转让土地。土地的使用权可以依照法律的规定转让。一切使用土地的组织和个人必须合理地利用土地。

在中国，土地所有权的社会主义公有制是基本的社会制度，个人不允许拥有土地。中国没有土地法，《土地管理法》是现行的基本法律。在实行改革开放政策之前，国家垄断了土地资源，限制土地的流转，不存在土地市场。中国改革开放后，土地权属政策有了一些改变。土地依旧属于国家所有，但是由个人或单位使用。土地使用权成为一种能够转移的资源。

《中华人民共和国土地管理法》（简称《土地管理法》）的主要内容包括土地所有权、土地利用总体规划、耕地保护和建设用地。

《中华人民共和国城市房地产管理法》（简称《城市房地产管理法》）对城市土地使用权进行了更详细的规定。颁布《城市房地产管理法》是为了规范土地使用权出让、土地使用权划拨、房地产开发、房地产抵押、房屋租赁、房地产中介以及房地产权属登记。

2004 年 3 月 14 日，中国宪法进行了修订，增加了两条关于产权的法律条款："国家依照法律规定保护公民的私有财产权和继承权"以及"国家为了公共利益的需要，可以依照法律规定对公民的私有财产实行征收或者征用并给予补偿"。2007 年，《中华人民共和国物权法》颁布并实施。《物权法》也是民法典的一部分，会推进中国的民事立法，对中国的土地立法及中国经济将产生重要的影响。物权法从许多方面对土地立法产生影响。土地权属是产权的重要问题，所以物权法将成为土地立法的重要基础。因为物权法是从民法的角度立法，所以私有土地产权将得到更好的保护。在物权法中，产权被细分成具体的类型，农民承包经营权首次被确切地定义为一种用益物权。采用物权这一概念会对土地产权制度和城市规划产生巨大的影响。将来的规划要比以往更尊重私有产权，公共利益会界定得更加明确。

（二）土地利用规划

《土地管理法》是中国土地管理的基本法，该法的制定是为了加强土地管理，维护土地的社会主义公有制，保护、开发土地资源，合理利用土地，切实保护耕地以及促进社会经济的可持续发展。《土地管理法》第三章对土地利用总体规划进行了规定。

土地利用总体规划要由不同级别的土地管理部门组织编制，分为全国、省（自治区、直辖市）、市（地）、县（市）、乡（镇）五级规划。下级土地利用总体规划应当依据上级土地利用总体规划编制。地方各级人民政府编制的土地利用总体规划中的建设用地总量不得超过上一级土地利用总体规划确定的控制指标，耕地保有量不得低于上一级土地利用总体规划确定的控制指标。不同级别的土地利用规划有不同的目标和内容，需要经不同的政府审批。县、乡土地利用规划要报省级人民政府批准。

法律规定了规划过程中应遵循的原则以及土地利用规划和其他规划（如江河、湖泊综合治理和开发利用规划）之间的关系，各级政府应该加强规划和土地利用管理，控制建设用地总量。

土地利用年度计划是一个综合性的战略计划。根据中国的具体情况，保护农业用地是一个重要议题，但是土地利用计划不止于此。土地利用计划同时包括了保护农业用地、控制建设用地、推动重要的建设项目和保护环境。土地利用计划的实施通过土地审批制度得以控制。

土地利用年度计划应由各级管理部门根据国民经济和社会发展计划、国家产业政策、土地利用总体规划以及建设用地和土地利用的实际状况编制。

经批准的土地利用总体规划的修改，须经原批准机关批准；未经批准，不得改变土地利用总体规划确定的土地用途。

根据《土地管理法》，国家应建立起土地统计制度、土地调查制度以及全国土地管理信息系统，以确保规划的编制建立在准确可靠的数据基础上。

《中华人民共和国土地管理法实施条例》（1998 年 12 月 27 日国务院令第 256 号发布）要更具体一些。条例的第三章对土地利用总体规划做出了规定。

土地利用总体规划的规划期限一般为 15 年。乡（镇）土地利用总体规划经依法批准后，乡（镇）人民政府应当在本行政区域内予以公告，包括规划目标、规划期限、规划范围、地块用途、批准机关和批准日期。

土地利用年度计划应该包括三个重要指标：农用地转用计划指标、耕地保有量计划指标、土地开发整理计划指标。

土地调查应当包括的内容有土地权属、土地利用现状、土地条件。

《土地利用总体规划编制审批规定》（国家土地管理局令（1997）第 7 号）是关于土地利用总体规划更具体的规定，其制定以《中华人民共和国土地管理法》和《中共中央国务院关于进一步加强土地管理切实保护耕地的通知》（中发［1997］11 号）为基础。

规定指出，各级人民政府负责编制本行政区域的土地利用总体规划，并依照法定程序和审批权限报有批准权的人民政府批准。

全国土地利用总体规划（草案）和跨省、自治区、直辖市行政区域的土地利用总体规划（草案）由国土资源部会同有关部门拟定。地方土地利用总体规划（草案）由地方人民政府土地管理部门会同有关部门拟定。

《土地利用总体规划编制审批规定》指出了编制土地利用总体规划应当遵循的原则、规划的步骤（包括编制规划的准备工作、编制规划方案、规划的协调论证、规划的评审和规划的报批）、规划期、各级规划的主要任务、内容和规划成果。《土地利用总体规划编制审批规定》也规定了各级规划成果的细节，如规划步骤、规划文件的内容、规划说明和研究报告、规划图件的比例尺。《土地利用总体规划编制审批规定》提到了土地利用总体规划的审核标准、批准程序以及批准须提交的材料；还规定了在土地利用总体规划批准前，审批机关应当充分听取社会公众意见，土地利用总体规划经批准后，应当公告，但是没有规定操作的具体细节。

国务院近来已经责令国土资源部修编规划。2005 年秋，规划修编工作正在进行中。

《土地利用年度计划管理办法》（国土部令 1999 年第 2 号令）是关于土地利用年度计划编制、批准、实施和管理的规定。土地利用年度计划是土地利用规划的重要组成部分，是指国家对计划年度农用地（含耕地、下同）转用计划指标、耕地保有量计划指标和土地开发整理计划指标等的具体安排。土地利用年度计划应基于严格的耕地保护原则。

土地利用年度计划的编制程序是自上而下与上下反馈结合的。首先，县级以上土地管理部门会同有关部门，提出本地下一年度的土地利用年度计划建议，经同级人民政府审查后，报上一级人民政府土地行政主管部门。下一年度的土地利用年度计划建议，应当于每年 11 月 20 日前报国土资源部。国土资源部会同国务院有关部门，根据国民经济和社会发展计划、国家产业政策、全国土地利用总体规划及建设用地和土地利用的实际情况，在各地和国务院有关部门提出的土地利用年度计划建议的基础上，综合平衡后编制土地利用年度计划，并报国务院批准。全国土地利用年度计划应当分别列出省、自治区、直辖市以及由国务院批准土地利用总体规划的城市、新疆生产建设兵团的各项计划指标。然后，土地利用年度计划逐级分解。县级以上地方人民政府土地行政主管部门应当将上级下达的指标逐级分解，拟订实施方案，经同级人民政府批准后下达。

土地利用年度计划一经批准下达，必须严格执行。没有农用地转用计划指标或者超过农用地转用计划指标的，不得批准新增建设用地。确需调整本地区土地利用年度计划指标的，应当向国土资源部提出申请。国土资源部审核同意后，报国务院批准。

未严格执行建设占用耕地补偿制度或者没有完成土地开发整理计划指标的，核减下一年度的农用地转用计划指标。节约的农用地转用计划指标，经核准后，可结转下一年度继续使用。

《建设项目用地预审管理办法》（2001 年 7 月 25 日国土资源部令第 7 号）是为保证土地利用总体规划的实施、控制建设用地总量、规范建设项目用地预审管理工作而制定的办法。在建设项目可行性研究阶段，有关人民政府土地行政主管部门应依法对建设项目涉及土地利用的事项进行审查，以确定建设项目用地选址是否符合土地利用总体规划，是否符合土地管理法律、法规规定的条件；建设项目是否符合国家供地政策；建设项目用地选址是否符合地质灾害防治规划；占用耕地的，补充耕地资金是否落实，计列费用是否合理。不经过土地管理部门的建设项目用地预审，任何建设项目不得申请建设用地。

县级土地利用总体规划编制规程（试行）（1997）以及乡（镇）土地利用总体规划编制规程（征求意见稿）已经颁布并在第二轮土地利用总体规划中采用。其中的一些条款已不适用于 2005 年新启动的第三轮土地利用规划。根据新一轮土地利用规划需要，会出台新的县乡级土地利用规划规程。

国务院办公厅转发国土资源部《关于做好土地利用总体规划修编前期工作的意见》（国土部 2005 年 5 月 30 日）是用来指导第三轮土地利用规划的文件。国务院十分重视该轮规划编制的基础工作。在第三轮土地利用规划中进行了六个专题的研究。

①研究如何加强耕地和基本农田保护问题。

②研究如何促进节约和集约利用土地问题。

③研究如何优化城乡用地结构和布局问题。

④研究如何统筹区域土地利用问题。

⑤研究如何协调土地利用与生态环境建设问题。

⑥研究如何强化规划管理保障措施问题。

当前工作的重点应放在节约集约利用土地，严格保护耕地和基本农田。

根据《土地利用总体规划修编中土地利用现状数据确认技术规范》(国土资厅发［2005］95 号）土地利用现状数据是土地利用规划编制的基础。该规范的制定是为了确保土地利用总体规划修编采用的土地利用现状数据的权威性与准确性。“土地现状数据”的现状时点为“统一时点”，规范确定了现状数据的时点、更新数据的权利以及实施更新的程序。

“土地现状数据”一经确认不得擅自修改。对“土地现状数据”实行国家和省两级确认。国家负责确认的主要包括各省、自治区、直辖市以及各省、自治区人民政府所在地的市、50 万以上人口的城市以及国务院指定城市的“土地现状数据”。除此之外的“土地现状数据”，由省级国土资源管理部门组织确认。

《县（市）级土地利用规划管理信息系统建设指南（试行)》是按照《全国土地利用规划管理信息系统总体建设方案》的部署编写的，应与《县（市）级土地利用规划数据库标准（试行)》配合使用。

该指南由六部分组成。第一部分是序言、编写目的、适用范围和编写依据及参考标准；第二部分是关于系统建设的组织与项目管理，其内容包括人员组成和职责，系统建设工作量和投入的估算与管理、系统建设风险的分析与管理、系统开发计划的制定、系统建设质量的管理；第三部分是系统建设的步骤，可分为七步，准备与立项、需求分析、系统分析与设计、系统实现、系统集成与测试、系统验收、系统运行与维护；第四部分是关于系统平台；第五部分是系统功能；最后一部分是关于数据库建设。

《县（市）级土地利用规划数据库标准（试行)》是为了规范县（市）级土地利用规划数据库建设、实现数据库的网络互联和信息共享而编制的。该标准规定了县（市）级土地利用规划数据库内容、存储方式、交换格式，规定了土地利用规划信息的分类与代码、规划数据文件的命名规则、规划要素的分层和数据结构及元数据。

《国土资源听证规定》（国土资源部令第22号，2004年1月9日）的出台，促进了国土资源管理的依法行政，提高了国土资源管理的科学性和民主性，可保护公民、法人和其他组织的合法权益。

听证规定包括如下具体细节：听证参加人的构成；听证主持人；听证过程；必须或不必要进行听证的情形；准备工作，比如公告，选择听证参加者等；如何处理听证意见；特殊的情况，比如推迟听证、中止听证等；法律责任；附则。

国土资源听证规定仅是部门规章。中国还没有听证法。2005年3月，人大代表向全国人大提交了听证法草案。

其他与土地利用规划实施相关的全国性土地管理法规以及国土资源部发布的文件包括：

- 国务院关于出让国有土地使用权批准权限的通知
- 国务院关于深化改革严格土地管理的决定
- 城市房地产开发经营管理条例
- 土地复垦规定
- 外商投资开发经营成片土地暂行管理办法
- 中华人民共和国城镇国有土地使用权出让和转让暂行条例
- 物业管理条例
- 基本农田保护条例
- 国务院办公厅关于加强土地转让管理严禁炒卖土地的通知
- 国务院关于加强国有土地资产管理的通知
- 城市房屋拆迁管理条例
- 国家土地管理局划拨土地使用权管理暂行办法
- 征用土地公告办法
- 划拨用地目录
- 外商投资产业指导目录
- 关于完善征地补偿安置制度的指导意见
- 国家土地管理局确定土地所有权和使用权的若干规定
- 闲置土地处置办法
- 关于进一步加强新增建设用地土地有偿使用费征收使用管理的通知

- 协议出让国有土地使用权规定
- 招标拍卖挂牌出让国有土地使用权规定
- 土地违法案件查处办法
- 土地登记规则
- 城市房屋租赁管理办法
- 国有企业改革中划拨土地使用权管理暂行规定
- 城市房地产抵押管理办法
- 建设用地计划管理办法
- 城市国有土地使用权出让转让规划管理办法
- 建设项目用地预审管理办法
- 城市商品房预售管理办法
- 土地登记资料公开查询办法
- 房地产开发企业资质管理规定
- 国家外汇管理局关于外商收购境内土地使用权外汇登记有关问题的批复
- 关于划拨国有土地使用权抵押登记有关问题的通知
- 关于土地使用权抵押登记有关问题的通知
- 国土资源部规范国有土地租赁若干意见
- 关于加强国有土地使用权出让规划管理工作的通知
- 房地产广告发布暂行规定
- 商品房销售管理规定
- 关于严格实行经营性土地使用权招标拍卖挂牌出让的通知
- 农村土地承包经营权流转管理办法
- 城市房地产转让管理规定
- 城市危险房屋管理规定
- 关于加强土地管理促进小城镇健康发展的通知
- 关于建立土地市场动态监测制度的通知
- 关于切实维护被征地农民合法权益的通知
- 国家赔偿费用管理办法
- 农业综合开发土地复垦项目管理暂行办法

- 退耕还林条例
- 国家投资土地开发整理项目管理暂行办法
- 关于加强农村宅基地管理的意见
- 关于改革土地估价结果确认和土地资产处置审批办法的通知
- 规范国有土地租赁若干意见
- 农村土地承包经营权证管理办法
- 农用地土地使用费管理办法
- 加强土地税收管理的通知
- 协议出让国有土地使用权最低价确定办法
- 关于改革土地估价结果确认和土地资产处置审批办法的通知
- 土地开发整理若干意见
- 关于在深入开展土地市场治理整顿期间严格建设用地审批管理的实施意见
- 划拨土地使用权管理暂行办法
- 国土资源部建设用地审查报批管理办法
- 报国务院批准的建设用地审查办法
- 关于报国务院批准的土地开发用地审查报批工作有关问题的通知
- 关于依法加快集体土地所有权登记发证工作的通知
- 国土资源部关于公布征用土地公告办法（草案）征求意见的通知
- 报国务院批准的土地开发用地审查办法
- 关于印发《土地证书印制管理办法》的通知
- 关于违反土地管理规定行为行政处分暂行办法
- 国家税务总局 财政部 国土资源部关于加强土地税收管理的通知
- 城镇土地使用税暂行条例
- 耕地占用税契税减免管理办法
- 农村集体土地使用权抵押登记的若干规定
- 国土资源部、国家经贸委关于发布和实施《限制供地项目目录》《禁止供地项目目录》（第一批）的通知

除以上内容，省市还有权颁布地方性法规。

二、土地利用规划和城市土地管理制度

（一）土地利用规划

1986 年，原国家土地管理局颁布了第一部土地管理法。1992 年批准了第一轮土地利用规划。那时候并不是所有的省都进行了规划，省以下的土地管理部门编制了好几种类型的土地利用规划，但其质量都不是太好。

第二轮土地利用规划于 1995 年启动。1999 年批准了该轮规划（规划期 1997～2001 年）。规划城市用地、农用地以及耕地数量应保持平衡。国家级、省级以及市级土地利用规划是宏观层面的规划，主要是规定土地利用指标。县、乡级规划则要具体规定土地利用的地点。

目前第三轮土地利用规划正在进行中。为了确保土地利用规划的法律效力，国土资源部会尽快修订进行土地利用总体规划必要的法律法规。国土资源部正在研究和起草关于土地利用规划的规定，也要求地方政府出台地方性规章制度。

与第二轮土地利用规划相比，第三轮规划更强调规划的法律效力和公众参与。

1. 土地利用规划和城市规划的关系

中国的城市规划和土地利用规划分别由建设部和国土资源部负责。虽然有法律法规规定城市规划和土地利用规划要彼此协调，但是实践中二者在许多方面是有矛盾的，比如分类体系、分类标准、统计口径、工作过程、技术手段等。两个规划有不同的目标，土地利用规划要覆盖城市和乡村，更强调耕地保护，而城市规划重视城市区域的开发。市镇政府为了得到更多发展工业和经济的机会，倾向于扩大城市规划区的范围。

中国的土地利用规划与城市规划相比，历史较短。由于土地利用规划的理论和方法不够成熟，规划体系和规划实践都不甚令人满意。虽然人们希望土地利用总体规划在控制城市发展规模中发挥重要作用，但是通常情况下许多指标都不能反映现实需要，而且与城市规划相矛盾。

根据地方土地部门专家的介绍，土地利用指标的分解不太科学。在

缺乏科学的国家级土地利用规划的情况下，很难将地方规划整合起来。上级规划与下级利益的冲突是相当普遍的情况。有一些情况是供给和需求之间存在很大的差距，还有一些情况是下级规划突破上级规划指标。像土地利用现状数据这样的基础数据是指标分解的基础，但目前这些基础数据还存在一些问题。

规划文本和图件不是标准化的。有些是土地利用规划中采用了不同时点的土地调查资料，有些规划没有按统一的方法进行土地分类或者分区。就规划文本以及图件的内容而言，有些过于简单，缺乏耕地、基本农田指标，或者没有很好地反映分解指标。一些规划则缺乏郊区的土地利用规划图。

规划体系似乎很难实施。由于以上原因，一些地方2005年的总建设用地指标已经超过了2010年的指标。在这种情况下，没有或者仅有少量的耕地可以转为建设用地使用。

上一轮土地利用规划编制于20世纪90年代末，有效期至2010年，在大多数的城镇，2005年就已经用完了到2010年的用地指标。这也是为什么第三轮土地利用规划不得不马上进行的主要原因。

2. 土地利用规划中的环境问题

中国的土地利用规划注重保护和改善生态环境，促进土地资源可持续发展以及研究和推进统筹环境保护和生态建设。在基础资料收集阶段，规划者会分析约束条件，如生态容量、资源供给，研究土地利用对生态环境的影响以及推进环境友好型土地利用的方式。这些都是与土地利用指标联系在一起的。

（二）土地使用权

1. 概述

根据《土地管理法》第43条，任何单位和个人进行建设，需要使用土地的，必须依法申请使用国有土地；但下列情况除外：兴办乡镇企业使用本集体经济组织农民集体所有的土地的；村民建设住宅经依法批准使用本集体经济组织农民集体所有的土地的；乡（镇）村公共设施和公益事业建设经依法批准使用农民集体所有的土地的。

在中国，当土地用于建设时，必须遵循下列规则：

第一，总的规则是只有国有土地可以直接用于商业以及营利性房地产项目的建设。

第二，只有在集体土地被征用，转为国有土地后，才可用于商业项目开发。

第三，农用地要用于商业项目建设，必须经过政府机构的农用地转为建设用地审批。

现在获得国有土地使用权的方式包括土地出让、土地划拨和土地租赁。

2. 土地出让

在中国，土地出让是获得国有土地使用权的最普遍的方式。主要是国家与用地者签订土地出让合同，用地者按照合同规定向政府支付土地出让金，从而得到固定年期的土地使用权。

土地出让方式有协议、招标、拍卖和挂牌。2004 年以前，多数的土地出让是通过协议而不是招标、拍卖和挂牌进行的，结果出现了腐败现象，土地出让价格扭曲。从 2004 年 8 月起，用于经营性项目的土地使用权要通过招标、拍卖和挂牌取得，以提高土地供给的透明度，抑制腐败。

3. 土地划拨

土地划拨是指土地使用者经县级以上人民政府批准，缴纳过征地拆迁补偿、安置等费用后取得土地使用权，或是经县或县级以上人民政府批准，以无偿方式取得土地使用权。划拨土地使用权没有固定的期限，但是政府有权随时收回。过去中国大多数土地都是无偿划拨的，但是如今只有军事设施、政府建筑等涉及公共利益的项目可以得到划拨土地。

4. 土地租赁

在中国，土地使用者可以通过从其他土地使用者那里租赁房屋的方式直接获得土地使用权，或者也可以通过向国家租赁土地的方式得到使用权。

根据《中华人民共和国城镇国有土地使用权出让和转让暂行条例》，只有按照土地使用权出让合同规定的期限和条件开发、利用土地，土地使用者才能得到土地。

1999 年 8 月，国土资源部印发了《规范国有土地租赁若干意见》，对用地者从政府那里租赁国有土地提出了指导意见。

按照《规范国有土地租赁若干意见》，对原有建设用地，对因发生土地转让、场地出租、企业改制和改变土地用途后依法应当有偿使用的，可以实行租赁；对于新增建设用地，重点仍应是推行和完善国有土地出让，租赁只作为出让方式的补充。然而，对于经营性房地产开发用地，无论是利用原有建设用地，还是利用新增建设用地，都必须实行出让，不实行租赁。

5. 农村土地的建设权

在中国，农民通过签订承包经营合同得到农用地，从而可以在固定期限内承包土地以用于耕种或其他农业目的。

根据《中华人民共和国农村土地承包法》，农村土地是指农民集体所有和国家所有依法由农民集体使用的耕地、林地、草地，以及其他依法用于农业的土地。

承包期限依土地的不同用途，从30年到70年不等。例如，耕地的承包期为30年，草地的承包期为30~50年，林地的承包期为30~70年。为了避免村委会滥用职权缩短承包权，并鼓励农民提高农业投资，在承包期内不能随意解除承包权。

6. 土地使用权流转

在中国，土地使用者可以通过土地流转得到土地使用权，就是从其他土地使用者那里通过转让、交换、赠与等方式得到土地使用权。在实际中，多数的土地使用权是从其他用地者那里得到的。

《城镇国有土地使用权出让和转让暂行条例》中规定，土地使用权转让包括出售、交换和赠与。《城市房地产转让管理规定》（1995年颁布，2001年修订）规定，除土地使用权转让外，下列情况也属于房地产转让：

以房地产作价入股、与他人成立企业法人，土地权属发生变更的；

因企业被收购、兼并或合并，土地权属发生变化的；

以房地产抵债的。

为了控制土地投机，城市房地产管理法第38条以及《城市房地产转让管理规定》第10条提出，以出让方式取得土地使用权的，转让房地产时，应当符合下列条件：

按照出让合同约定已经支付全部土地使用权出让金，并取得土地使用权证书；

按照出让合同约定进行投资开发，属于房屋建设工程的，应完成开发投资总额的25%以上；属于成片开发土地的，依照规划对土地进行开发建设，完成供排水、供电、供热、道路交通、通信等市政基础设施、公用设施的建设，达到场地平整，形成工业用地或者其他建设用地条件。

如前所述，划拨用地如果符合其他的一些要求，可以被转让。

7. 土地用途管制

根据不同用途，在中国土地可以分成农用地、建设用地和未利用地。

农用地是指直接用于农业生产的土地，包括耕地、林地、草地、农田水利用地、养殖水面等。

建设用地是指建造建筑物、构筑物的土地，包括城乡住宅和公共设施用地、工矿用地、交通水利设施用地、旅游用地、军事设施用地等。建设用地又可以进一步分成集体建设用地和国有建设用地。

未利用地是指农用地和建设用地以外的土地。

土地要分成不用的用途，是因为中国要实行土地用途管制制度。如果土地使用者要改变土地用途，比如从农用地转为建设用地，需要得到政府部门的批准。能否得到批准要看有没有可用的指标，是否符合土地利用规划和城市规划。

8. 土地征用

国家由于公共利益的需要可依法对集体所有的土地实行征收或者征用，但是在法律中并没有对公共利益进行很好的定义。在现实中，大多数占用集体所有土地的项目不是公共服务导向的，而是营利性的。

农村集体所有土地的承包经营权要服务于国家的土地管理制度。虽然农村集体对土地拥有所有权，但是一定程度上无权决定如何处置土地。农民不能有效地保护他们的土地产权。地方政府为了推进城市开发，会扩大征用范围，减少农民权益。征地补偿费是根据土地上原有农作物的平均年产量确定的，而不是土地的市场价格。征地补偿价和市场价格之间的差距激励着地方政府征用较多的土地而支付较少的补偿费。一些农民抱怨他们不能依靠有限的征地补偿费开始新的工作，因而会变得更加贫困。与此同时，农民还遭受着户口制度、社会保障制度和医疗保险制度的不平等待遇。目前，人们也在积极讨论着如何定义公共利益以及制定更合理的补偿标准的问题。

9. 土地登记

土地管理任务的一个重要组成部分是土地权属登记。每个县土地管理部门都有土地登记机构。根据土地登记规则，土地登记首先可划分为国有土地使用权登记、集体土地所有权登记、集体土地使用权和土地他项权利（如抵押权）的登记，国有土地所有权不需要登记。登记包括初始登记和变更登记。土地登记的主要程序如下：

- 土地登记申请
- 地籍调查
- 权属审核
- 注册登记
- 颁发或者更换土地证书

土地管理部门有土地登记记录、每个登记不动产的登记文件和宗地图，还有土地登记总图，在图上有每个合法不动产的边界和辨识号码。

城市房屋权属根据《城市房屋权属登记管理办法》进行登记。土地和房屋的登记可依地方管理部门的组织形式确定是在两个独立的部门或是一个部门办理。

三、土地利用规划的管理

（一）国家层面

在中国，国土资源部负责土地利用管理。部里设有规划司，共有19名工作人员，规划司下设土地利用规划处，有4名工作人员，另设综合处，有4名工作人员。

有一些法规规定了如何使用指标。常住人口在50万以上的城市的用地指标必须报国土资源部审批。大城市要编制涉及用地的项目清单，并将其呈送到国土资源部批准。这是一种对违背土地利用规划行为的实施控制。

较低级别的用地指标要由省政府审批。占地超过70公顷的用地项目要由国务院批准，在35～70公顷之间的用地项目可由国土资源部批准。在农用地区域建设大型项目须由国土资源部审批，这些大型项目包括铁路、交通干线。耕地保护部门负责审批。

乡镇土地利用规划是非常粗略的。国土资源部难以评估土地利用规划及其在乡镇实施的情况。

省政府土地利用管理部门负责乡镇土地利用规划的批准。县土地管理局在乡镇的分局负责编制乡镇土地利用规划。

在有的地区，农民自己可以参与到集体土地征用补偿价格的评估中来，土地征用后政府负责为失去土地的农民提供新的就业，并对他们进行新的工作岗位培训。

在各省，已经有了地理信息系统，但是一般来说，乡镇还缺少地理信息系统。全国性的土地调查由国土资源部负责。

（二）省级管理部门

浙江省的土地管理部门有70名工作人员，有如下几个职能部门：

- 土地利用规划
- 农用地保护
- 土地利用管理
- 土地登记
- 法规
- 监察
- 资源调查
- 地质与环境
- 资源保护
- 人事管理
- 综合管理

四川省国土资源厅有150名工作人员，土地规划部门有7名工作人员。

四川省有一个国土资源规划机构，该机构属国有企业，有70～80名规划人员。除此之外，还有几个大学编制土地利用规划。规划人员不需要资格认证，规划机构的资格认证已开始进行。

四川省1997~2010年土地利用总体规划（1997-2010）在1999年得到批准，该规划是省编制机构经过两年的时间编制的。规划修编已经启动，并且可能在2007年完成。所有的规划地图都是数字化的。乡镇级土地利用图的比例尺是1：10000，而省级土地利用图的比例尺是1：500000。省级土地利用规划中以大比例尺显示了土地用途。省级规划仅仅给出地（市）的人口估计数值和用地指标，而没有给出县、乡和区的。

浙江省的土地利用总体规划在1996年开始编制，1999年得到批准。2005年新一轮规划修编正在进行。规划修编准备工作在2004年就开始启动了，但真正的规划工作开始于2005年。规划以中央政府下达的用地指标为基础，但中央下达到省里的指标可能要到2006年7月才能用，到那时省级规划就可以继续，到2006年底可能会完成规划。

省级土地利用规划由规划报告和规划图组成。一些图件可能是保密的。

河南省国土资源局成立于1986年。2005年7月，该省对第二轮土地利用规划实施情况进行了评价。目前，该评价基本完成。根据评价结果，目前第三轮土地利用规划正在一些试点城市展开。2006年河南省要完成各县级城镇的规划。

根据河南省介绍的情况，1997年以来的土地利用规划管理就很严格了。没完成规划的乡镇不能得到指标。1997年以前，地方政府并不理解为什么需要土地利用规划，但1998年土地管理法发布之后，他们理解了。

河南省的土地利用规划编制人员主要来自政府以外的省里或辖区内的咨询单位，也有的来自大学。乡镇土地管理部门负责实施县级土地利用规划。

浙江省现行的各级土地利用规划是由各级土地管理部门组织当地的土地利用规划师编制的。正在进行的新规划由大学和土地规划机构编制。省土地管理部门下属的土地利用规划机构与建设部门下属的城市规划机构是两家机构，各自独立。

四川省的大多数小城镇的土地利用规划是由他们自己的土地部门编制的。地图是手绘的。大多数小城镇没有地理信息系统和相关的计算机。

四川省90%的乡镇有土地利用规划。一般情况下，村没有独立的土地利用规划。

土地利用规划要进行人口预测和土地利用需求预测，还要在地图上标注主要地类的位置。在规划初稿完成后，当地要进行评价和讨论。

浙江省正试图扩大土地利用规划的公众参与度。近来该省在这方面作了一些案例研究，安排了头脑风暴式的小组讨论。规划者和地方政府会邀请不同的群体代表，如村民、不同专业人士、企业家等参加讨论。浙江省正广泛地推进公开性，任何人都应该能看到并得到规划报告和规划图。规划报告副本的数量由地方政府决定，省里对此没有规定。

土地利用总体规划图件的比例尺为1∶50000，乡镇级规划图件比例尺为1∶10000。第二轮规划的图件都是手绘的，但目前第三轮规划编制已进行了数字化。河南省70%县乡（镇）的第三轮规划数据库已经建立起来。

浙江省有1∶10000的地形图，但是土地利用规划者并没有使用，而是自己去绘制1∶10000的土地利用现状图。省里负责土地调查的办公室运用卫星资料更新了1∶10000的土地利用底图。

浙江省大多数城镇已经在2005年用完了到2010年的建设用地指标。这个问题是严重的，会造成城市开发中出现很多问题。浙江省曾经打报告给中央政府，要求扩大建设用地指标。中央政府给了额外的高速公路和管线用地指标，但没给多少工业用地指标。省里应该在不减少农用地总量的前提下，在当地解决工业用地的问题。为此，省里有几种对策：提高农村建设用地的使用效率，增加成片耕地，这样可以增加一点耕地数量。

浙江省的目标是要增加农村的集约度。大溪镇的发展在浙江省是很典型的。与其他省相比，浙江省的农村居民点是很分散的。

如何在各镇之间分解指标？到目前为止浙江省已得到中央政府指示，应该有85%～86%的农用地后备资源，省里一直保持着这个数量。在各地分配建设用地指标应根据社会发展计划、人口增长情况、环保需要以及过去指标的使用情况。目前，国家土地管理部门正在讨论在各地分解指标的方法，如何使指标分解更加客观，如何确定分解方法的刚性和弹性。

浙江省的一些小城镇不需要全部的建设用地指标。在重新编制土地利用规划时，市县政府可以把这些指标在城镇之间进行调整。土地利用规划批准之后，任何人都没有权力改变指标。

四川省根据经济发展情况、人口和发展潜力在不同地区之间分配用地指标。通过自下而上的方式，各级政府向省里提出用地建议。最后省里在各地之间平衡指标。四川省4800个镇中有2/3已在2005年用完它们的建设用地指标。在成都市进行了村庄合并以获得更多土地，但却没有钱建设新的村庄。四川省只有在边远山区还有未利用地。

浙江省土地管理部门能够提出不同的指标分解方案，由浙江省政府在国家下达指标范围内做出决定。

由四川省政府批准的项目，规划和耕地保护部门合作进行。最后的批准文件由耕地保护部门颁发。每个项目要在省管理部门单独批准。不同省之间的镇级建设项目的审批各有不同。在四川，农民在集体建设用地上建设的项目由县里审批，镇土地管理部门负责批准省里认可的镇建设用地。

截至2006年底，浙江省所有的土地登记图都要数字化。目前，60% ~ 70%的土地登记图已完成数字化。一些重要城市已经有了数字化的登记图。地图数字化得到了中央、省和地方政府的财政支持。

浙江省有非法用地和非法建设的数据资料。

浙江土地管理的主要问题是：

- 土地利用规划的科研基础薄弱，这个问题依然困扰着正在进行的修编过程
- 建设项目批准程序繁琐
- 大多数在省级土地利用规划部门工作的专家涉及具体的建设项目批准，而不是适宜政策的制定

以下要描述被调查镇、县的土地管理情况。

四、关于土地利用规划的调研发现

专家组研究了五个县，五个镇及一个区的土地利用规划及其实施情

况。大多数情况下，都能很快的见到地方土地利用规划报告和规划图。一般情况下我们都拍摄了土地利用规划图的照片并对其进行了研究。大多数地方当局将他们的材料归入机密的一类。我们还与分管土地工作的副镇长，地方土地管理部门的领导以及土地利用规划人员进行了座谈。以下是对从地方上获得调查结果的总结。

（一）地方土地管理机构设置

目前所有的被访县都有独立的建设和土地管理部门。但是在固始县，这两个部门曾经是联合在一起负责管理任务的。在被访的三个镇，建设和土地问题都分别由独立的部门负责，在城关和陈淋子两个镇则是由一个部门负责的。温江区的建设和土地管理部门是两个独立的部门。

在被访县土地管理部门的工作人员从220～335 人不等。这些单位都是垂直管理的，接受上级土地管理部门的领导。

苍南县土地管理部门有235 名工作人员，管理科室包括：

- 综合科
- 土地利用科
- 土地利用规划科
- 地籍科
- 监察科
- 土地资源管理科
- 人事科

固始县的土地管理部门成立于1989 年，2002 年重新命名为固始县土地利用和建设局。2005 年8 月，建设局和土地管理局分家，此后固始县土地管理部门的机构设置包括：

- 建设用地科
- 基本农田科
- 法规科

目前县土地管理部门的工作人员有335 名，在县城共有13 个与土地管理相关的中心、机构和研究所。固始县还将成立土地保护中心，而且县里的每个乡镇都有自己的土地利用科室。2002 年，固始县除县土地管理局之外共有1580 名工作人员。2005 年，由于农业税的废除导致了裁员，镇级土管部门的工作人员少于10名，农村没有分支机构。

县级土地管理部门的土地利用规划科有大约10名工作人员，他们大部分的时间都用于评估独立的项目。这些科室或者自己编制土地利用规划，或者让相关机构或大学编制土地利用规划。大约一半的被访县和镇都由本部门的规划专家编制土地利用规划。这些科室也为县里编制土地利用年度计划，向省土地管理部门申报用地许可证。

镇里一般都有副职领导负责城市规划、土地管理、建设管理和环境管理。

镇级土地管理部门的组织形式各有不同，工作人员人数不等。龙港镇土地管理分局共有45名工作人员，包括以下4个科室：

- 综合科
- 地籍科
- 建设用地管理科
- 监察科

龙港镇土地管理部门的领导有大学土地管理专业的文凭，他在大学学习过三年。土地管理人员也可以在互联网上进行继续教育。

大溪镇土地管理部门共有13名工作人员，温岭县财政支付他们的工资。管理部门服务于包括农村地区在内的整个大溪镇。土地管理部门有4个科室：

- 土地利用规划科（土地利用规划、建设用地管制、土地利用管理）
- 地籍科
- 监察科
- 财务科

因为城关镇的土地利用规划是由坐落在该镇的县管理部门负责的，所以镇里没有土地利用规划专家。

陈淋子镇开发区管理部门负责陈淋子镇的土地管理工作（共负责3个镇）。开发区管委会有县级土地管理的权力。镇土地管理部门也有一个工作人员负责村土地管理。

温江区土地管理部门有4个科室：

- 农用地保护科

- 地籍科
- 财务科
- 土地利用规划科（5 名工作人员）

温江区另外还有 3 个机构（非企业）：

- 土地监察机构
- 土地登记机构
- 土地交易机构（买、卖）

温江区土地部门和机构共有 100 多名工作人员，他们的工资由区政府支付。机构直接向人们提供服务。

温江区柳城街道也有一个小的土地管理部门，共 5 名工作人员，负责包括违法占地管制在内的日常管理工作。区土地管理部门负责编制辖区内全部的土地利用规划。

由于土地利用规划编制专家没有专业资质规范，专家组无法对其具体的专业素养进行评价。总体来说，专家们似乎是熟悉他们的业务的。

负责县级和镇级土地管理的组织会经常性地与其他相关管理部门进行正式合作，如发展和改革委员会、建设管理委员会以及环保管理部门。这种合作主要发生在单位领导之间，向不同的管理部门征求对土地利用规划的意见。土地管理部门控制着所有与土地利用相关的项目。

（二）设备

被访的多数县土地管理部门有复印机、电脑、地理信息系统和打印机，而镇级城市土地管理部门也有电脑和一些复印设备，但是既没有地理信息系统，又没有打印机。

比如，固始县土地管理部门有 30 台计算机，其中 10 台有地理信息系统。县里的镇则没有，他们只能得到印在纸上的材料。因为这部分成本要由镇里自己支付，所以县里没有在这方面支持镇里的计划。

（三）地图和卫片

所有被访县和镇都有 1：10000 比例尺的土地利用现状图。这些图都是没有地形或高程的简单地图，但是都概括了土地利用的现状。总体来讲，这些地图都在利用定点卫星材料进行更新，更新在 2005 年底完成，以作为新一轮土地利用规划的底图。

在大多数的城镇都有覆盖全域的比例尺为 1∶10000 的地形底图，但是他们似乎并没有使用，而且普遍认为该图是机密的或秘密的资料。在几个案例中，县镇政府都要求为进行城市规划升级地形底图，但是这些地图并没有在土地管理部门使用。

在大多数城镇都有市区底图，在中心区比例尺为 1∶500，其他的城市地区比例尺为 1∶1000。这些底图是在 2～5 年前制成的，它们缺少高程和地籍信息。一般情况下，建设部门都有这样的地图，而土地管理部门则不使用。

（四）地籍图

龙港镇建成区有 40～50 个村子。一半的建成区是国有土地，而另一半是集体所有。龙港像所有被访县镇一样，没有区分国有和集体所有这两种土地所有权性质的地图。土地所有权只能通过单独的宗地图才能看出来。

固始县最近正在聘请一家信息系统咨询公司制作数字化地籍图，但是还未完成。

苍南县的地籍图全部是手绘的，县里没有全球定位系统（GPS）。

温岭市的地籍图主要是手绘的，只有小部分输到了计算机里。县土地管理部门有 3 台 GPS。

陈淋子镇没有地籍图。

温江区所有地籍图都是手绘在塑料膜上的，市区地籍图的比例尺为 1∶500。图上标注了一些建筑。城区的地籍图有一半都输到了计算机里，而剩下的将在 2006 年完成数字化。省政府已帮助温江区完成了地籍图的数字化。

龙港镇城区有比例尺为 1∶500 的地籍图，这些地籍图是手绘的，没有像城镇底图那样进行数字化。龙港需要将地籍图数字化，但是县财政部门还没有对其进行资助。龙港所有的建筑图都是由有资质的单位负责测量的，有资质的测绘单位如同企业一样。

大溪镇只有比例尺为 1∶1000 的纸质图。2005 年数字化工作开始在整个温岭市进行，首先是土地证书，然后是地籍图。数字化地图的获得是非常重要的。目前，运用 GPS 进行了所有商业宗地和工业项目的电子测量工作。明年，县里还将启动用 GPS 测量住宅项目的工作，包括测量边界和建筑物。新的宗地也要一块块地输入计算机。政府可能在 2006 年支付数字地籍图的制作费用，但时间安排要依预算而定。

在大溪和龙港，当土地转让到新土地使用者手中的时候，宗地边界是由临时的条状物标注的，而没有建筑永久性的界标。在实践中，用地者往往要自己建界墙。

（五）土地利用规划的现状

所有的被访县和镇都有有效的土地利用规划。一般第三轮土地利用规划是在 2005 年启动的，从利用卫星资料收集土地利用现状数据入手。修编过程中使用了比例尺为 1：10000 的土地利用现状图。为了继续进行地方土地利用规划，要等国家下达新的指示。

中牟县和城关镇的土地利用规划是一个文件。规划图完全是数字化的，可以按照需要的比例尺打印出来。规划图没有底图，规划期为 1997～2010 年，由县里组织编制并由郑州市和省里审批。1997 年以来，规划也进行了一些小的调整，调整是由省土地管理部门批准的。2004 年 9 月，中牟县开始了土地利用规划编制的新阶段，目前运用了卫星资料。县里的土地利用现状数据差不多收集完了，新的规划期为 2006～2020 年。因为国家还没有明确规划进度安排，所以新规划过程的时间安排也还不清楚。

固始县有土地利用规划。旧规划是 1997 年根据当年的数据编制的，然后又在 2001 年编制了一个规划期为 2001～2010 年的规划，并于 2003 年批准。该规划仅仅覆盖了县城，不包括陈淋子镇。2005 年启动了对现行土地利用规划的新一轮调整，目前正在进行数据收集。县级土地利用规划已经由郑州的一个机构编制完成。在固始县，每个镇都有自己的土地利用规划，其中有一些已经过期。这些镇的土地利用规划是由信阳市政府批准的。

1997 年苍南县进行了土地利用总体规划，并于 2000 年获得批准。该规划是由北京大学地理系做的。苍南县土地利用规划的修编工作正在进行中，规划前期工作已经完成，是由浙江大学做的。

龙港镇的土地利用总体规划是 1997 年编制的，2000 年对其进行了更新，2001 年得到省里的批准。规划期为 2000 ~2010 年。1997 年版的规划是由南京大学城乡规划院做的，正在修编的规划是由浙江大学做的。苍南县的下属镇一般都是这样的情况。

土地利用总体规划修编正在进行，前期工作已经完成。规划师来自隶属于省土地管理部门的浙江省规划院。到目前为止，完成的规划任务包括：

- 土地需求预测
- 集约用地
- 对土地利用的社会经济反映
- 土地后备资源调查
- 上一轮土地利用规划实施评价

修编的时间安排要根据国家的政策。

大溪镇的土地利用规划编制于 2002 年，规划期为 2002 ~2010 年，规划是由镇土地利用规划部门进行的，比例尺是 1∶10000，由省政府审批。事实上，这个规划是由地方土地利用规划办公室编制的上一轮三个独立镇和一个乡的 2000 年规划的结合。下一次土地利用规划修编要在 2006 年进行，由杭州土地利用规划院编制。

温江区最初编制的土地利用规划的规划期为 1997 ~2010 年。目前正在修编 2004 ~2020 年规划。1997 年的规划是由当地县土地管理部门自己编制的，这次修编也由区土地管理部门自己进行。资料完全输入了计算机和地理信息系统。规划图的比例尺可以是 1∶10000、1∶20000 和 1∶30000。1997 年的报告有 60 页，包括比例尺为 1∶35000 的图。新规划也有 60 页。区人民代表大会已经于 2004 年底通过了修编后的规划，但是还要等市里和省里的批准。目前已经收到了市里的第一轮评审意见，正在准备第二稿。阶段性的土地利用规划实施可以在计算机上分层显示。温江区土地利用规划展示了 2005 ~2020 年全区的新增建设用地。区里还没有完全用完它们的建设用地。成都市在 2004 年已经下达了该区未来的土地利用指标。区土地登记部门要遵循该指标用地。

土地利用指标是如何在温岭县各镇之间进行分配的呢？指标是根据近年来人口增长趋势、经济增长、社会经济规划和城镇体系规划制定，在省土地管理部门的建议的基础上，由省政府批准。每个镇都要严格遵循该指标。如果某县或镇在省里的其他县或镇开发了农用地，而该区域并不需要使用全部的指标，则该县或镇可以得到更多的土地指标。在决定指标分配的过程中没有向各镇征求意见，指标是从上级到各镇的指令。

（六）规划过程，公众参与

土地利用规划的编制时间是 6 个月到一年，不包括土地利用现状底图的更新。除规划之外，批准过程一般是 3 个月。在固始县，整个过程用了 3 年时间。

固始县土地管理局为规划机构提供基础资料，并对规划提出意见。县里的各镇并不对其提出意见，规划在县里相关部门的领导小组指挥下进行。批准的步骤首先是县里，然后是市里，最后是省政府，在这一过程中专家们要对其进行评议，此后就不再对规划进行修改了。

大溪镇的土地利用规划步骤包括如下几项：

- 规划的前期工作，收集数据和土地利用现状图
- 人大代表和相关的官员参加听证会
- 外部专家评审，专家人选是从省土地管理部门提供的专门研究土地利用规划的专家库中随机抽取

建设用地指标已经在较高一级规划中确定了。

（七）与其他规划的关系

一般来说，土地利用规划是根据经济社会发展 5 年计划制定的，并与城市规划相协调。如果这些规划是同步制定的，则人口和经济预测应该是相同的。但是 5 年计划的规划期比土地利用规划期限短。在一些案例中，土地利用规划和城市总体规划是在不同时期制定的，则人口预测存在着差别。被访镇和县的土地利用规划和城市规划都不是由同一个规划机构完成的。大多数被访的权威人士认为，土地利用规划与城市规划存在一定的矛盾，因为二规划的目的是不同的。他们大多认为，原则上将这些规划结合在一起是有用的，但是由于不同的管理部门和现行规定，目前这样做是非常困难的。

（八）规划文件

县级土地利用规划的主要内容包括对建设用地、资源利用和农用地

保护的规划。

固始县的土地利用规划由两个报告组成，其内容如下所述。

固始县土地利用规划 I，背景情况报告（84 页）。

①土地利用现状

- 地理、区位和行政区
- 自然条件和经济条件
- 当前土地利月策略和布局
- 土地利用动态分析
- 土地利用等级和效率
- 土地利用潜力
- 土地利用特点
- 当前的土地利用问题
- 对未来土地利用规划的建议

②固始县用地预测

- 用地预测的主要内容
- 用地预测的依据
- 方法
- 人口预测
- 测算土地供应量
- 不同用地的需求量预测
- 土地供求平衡分析
- 土地供给计划和建议

固始县土地利用规划 II，土地利用总体规划（65 页）。

- 主要原则
- 现状、问题、挑战
- 重点项目、用地规模和布局
- 指标
- 土地利用分区
- 基本农田保护
- 新耕地开发

- 土地生态和环境保护
- 实施

一般情况下，土地利用规划报告的长度为 60 页，但是在陈淋子镇只有 28 页。

土地利用规划由规划文本和规划图组成。规划图一般是输入计算机的，能够以任何必要的比例尺（1：10000～1：30000）打印出来，而且土地管理部门有比例尺为 1：10000 的土地利用现状图。

一般各县要印制 100 份土地利用规划报告。当地领导、人大代表、当地土地管理部门以及其他相关政府部门都要有土地利用规划报告的副本。由于规划报告和规划图被认为是机密的，所以普通人不能得到这些资料。

龙港镇的土地利用规划的最终报告共有 30 份，每个人大代表都有一份。对规划感兴趣的公众也可以得到规划报告和规划图的副本。

苍南县土地利用年度计划有 20 页。

（九）农村

被访的各镇在其行政管辖范围内一般有 60～130 个村子。城关只有 8 个村。这些村既有在城镇范围内的，又有在乡村的。建成区的大部分土地是国有的，但是也有部分土地是集体建设用地，由村集体进行建设。农民的住房一般都自己修建，法律禁止农民建房用于出租，但是村集体可以为了发展产业而建房和出租土地。

按照县和镇的土地利用规划，大溪镇规划用于建设的土地在 2010 年有 1138 公顷（其中城镇有 547 公顷，乡村有 591 公顷）。根据县土地管理部门的数据，2004 年大溪已用建设用地总计 1209.5 公顷（其中城镇有 347.7 公顷，乡村有 861.8 公顷），大溪镇的建设用地已经超过了 2010 年的规划许可量。

为了得到更多的农用地，大溪镇土地管理部门提高了农村建设用地的使用效率，并削减了农村建设用地的规模，大溪镇各地都在进行合并村庄建设用地的详细规划，10 个村要合并成一个村。这些规划并没有包括耕地。零散的地块需要清理，住在山上的人们要搬到镇里。通过这些方法，大溪镇把现有的村庄建设用地变成了农用地。

在大溪镇，每年都有几个村作为搬迁点。在农民根据规划搬出自己房子的时候，他们会在新村庄得到类似大小的土地，如果不再需要那么大的土地，则会得到补偿。许多住在山里的农民已经得到了在镇上建设的新公寓。他们依然还是农业户口，但是多数人在工厂工作。他们也还有山上集体土地的产权，但是通常他们将土地租给同一集体的其他成员。农村现代化意味着提高生活水平，改善居住环境，完善道路、管线等基础设施。

成都市温江区有178个村。农民被转移到中心村，过去零散的农村居民点被复垦为耕地。2004年，该区从以前的农村建设用地中整理出267公顷新农用地。在土地置换中，政府没有向农民提供贷款，但是对其新房的建设进行了安排。总体上看，通过土地置换农民得到了更好的服务和更好的基础设施。

（十）土地利用规划的实施

固始县土地管理部门负责县土地利用规划的实施工作。对于单个项目而言，由哪一级政府审批取决于项目的规模。如果农用地要转为建设用地，大项目是省级审批的。对于国有建设用地上的单宗地而言，只有那些超过3公顷的项目由省级政府审批。每年这样的情况少于10例。3公顷以下的土地由县里批准。农村集体土地转为建设用地的都要经过省里的审批，即使土地利用规划已表明该块土地可用于非农建设。每个在镇规划建设用地以外的项目都需要许可证。在规划建设用地内的项目清单每年向省里报批3～4次。几年前，批准决定一般需要20天，近来只需要5天。固始县每年都要做土地利用开发年度报告。由于固始县的经济发展直接受省里管辖，所以信阳市不给该县土地管理部门下达指令，省里为该县下达用地指标。

大溪镇的用地许可证要由温岭市土地管理部门认定。大溪镇也设有土地管理分局，但是却不负责审批项目。另外，投资规模等因素也会影响用地许可证的审批。在一些与水利相关的案例中，也需要水利部门的批准。

温江区取消了许多投资项目，主要是因为项目的选址不符合土地利用规划或者缺乏用地指标。

在龙港和大溪镇，2010年的用地指标都已经在2005年用完了。这就意味着，很难再审批任何城市的开发项目了。目前，大溪镇的一些城市开发项目主要是因为缺乏建设用地指标而被取消了。获得项目批准的唯一途径就是同时减少村庄建设用地。由于没有符合土地利用规划的建设用地指标，龙港镇在海边进行滩涂围垦获得的土地也不能用于非农建设。

大溪镇已经准备了一些关于土地问题的居民意见征询材料（收到了该材料的副本）。在此之后，温岭市要求其他各镇也准备类似的材料，大溪是温岭市的土地管理模范单位。

（十一）违法用地

温岭市每年的违法用地量总共有 50～60 公顷。由于违法建设，全市每年的拆除量有 100000 平方米建筑面积，包括临时性建筑。但是旧城的拆除是由于旧城改造的原因。村集体无权提供城市建设用地，这是严格禁止的，但是还是会发生。

由于快速的经济发展，大溪镇比县里的其他镇有更多的违法用地。整个大溪镇每年这样的案例有 20～30 个。典型的案例有：虽然批准了申请，但是申请人占用了比许可的更多的土地；申请未经批准，但进行了建设，有时甚至是违反规划建设。

这些违法用地的查处要依据土地管理法。镇土地管理部门收回额外的非法用地。如果违法用地在土地利用规划许可范围内，违法用地者要支付罚金，否则镇上要拆除建筑物。一半的违法案件属于这种情况。大溪一年内要对 10～15 件违法用地案件实施拆除。在大溪有两个人全职负责土地利用管制。在进行拆除的案件中，该部门全体工作人员要到场。因为有好几层控制，所以很难贿赂管理人员。人们都不认识管理人员，近来大溪镇没有发生过贿赂案件，贿赂在大溪是很难的。

在龙港，所有的建设都严格限定在建设区内进行，没有在建设区外建设的情况。

（十二）地价

根据国土资源部的指示，所有的经营性用地必须通过竞方式取得。所谓经营性用地包括商场、娱乐和商品房用地，农民建房不包括在其中。地方土地管理部门确定土地底价，出价最高者得地。

在温岭市，市城国有土地竞标价格有所差别。一般情况下，地价为1700元/平方米，最高价格在3000～4000元/平方米，最低价在1000～2000元/平方米。根据《土地管理法》第54条，如果土地是由政府划拨的，则是免费使用的。

在公开竞标中，土地出让底价是由专家评估的。商业用地的供应只能通过公开竞标的方式。目前大溪镇的土地招标出让最高价为20000元/平方米，是一块位于中心区域地块70年的总价，该地块的一层用于商业用途，其余的用于住宅。总体来说，村集体获得地价的30%，而政府获得70%。政府所得的90%作为大溪镇政府收入，10%作为温岭市政府收入。政府用这笔钱搞基础设施建设。最近最低的土地竞标价格为6600元/平方米，该地块是远离镇中心的居住用地。以前工业用地地价为180元/平方米，但是，最近镇里也允许对工业用地使用权进行公开招投标了。据当地专家说，将来工业用地的价格可能会涨到450～600元/平方米。在第一年要支付全部的土地价格，大体上是在签订合同后的3天。商业用地的付款要用1～2个月的时间，不用支付年租金。根据国家的土地政策，如果用地者没有支付全部的长期土地租金，将不能得到土地使用证书。

在通过合同把土地转让给申请人之后，合同禁止将土地转让给第三方，只有在对土地进行投资（建成建筑物）之后才能转让。市土地部门负责管理大溪镇的招标与土地出让合同。

以下是温江区柳城街道2005年的基准地价：

	Ⅰ类地（最贵）	Ⅴ类地（最便宜）
商业用地	1003元/平方米	345元/平方米
住宅用地	662	210
工业用地	365	180

在实践中，土地总是通过招投标方式提供，这种过程可能会抬高地价。目前温江区中心城区土地最高价格为3900元/平方米。全部的地价所得都纳入了区政府预算。柳城街道的土地出让所得主要用于当地的基础设施投资。

五、完善土地利用规划及管理的建议

（一）关于完善土地利用规划的建议

（1）耕地是否比其他具有较高生产力的经济部门更需要保护

（2）除了耕地保护，是否有能促进中国土地资源优化利用的其他途径

中国具有世界22%的人口，但是耕地不足世界的10%。由于受到自然条件的限制，中国大多数耕地生产率低下。近年来，通过有效利用土地资源，中国成功地养活了大量人口。在未来的日子里，耕地仍需要特别保护。但是国家保护耕地的目标似乎比发展其他经济部门以及服务公众更加重要。每级地方政府都有一个指标体系，来规定耕地的最低指标和建设用地的最高指标。任何工业、住宅等项目的建设都不能突破建设用地指标。把发展控制在指标范围内，要比经批准有效的城市总体规划、详细规划，甚至地方政府制定的、经批准的土地利用规划都更加重要。

在这种情况下，人们可能要问，如果国家的粮食安全是一种目标，有没有可能去采取其他更有效的方式来保证人们有效率地得到粮食呢？有没有可能通过使用肥料、大棚、种植优良作物等方式，提高甚至使每公顷的粮食产量翻番？能不能把中国部分工业品出口收益用于从邻国购买粮食？有没有可能使每公顷土地的工业产出率高于农业呢？居民良好的住房条件是不是或多或少要比同一地区农业的生产更重要呢？

一些土地利用规划的编制者会抱怨城市规划编制者没有采用有效的城市土地利用方案，来促进城市工业和住宅的发展。但考虑到中国土地所有权的状况，中国地方政府和城市规划者应该比大部分其他国家的人更容易认识到，应以一种有效和节约用地的方式来安排城市开发和建设。

项目组还没有找到上述问题的解决方案，但是在中国可能讨论这些问题是有用的。如果上面提到的问题有道理，可能中国的土地利用政策就应该做出些小的修正。寻求优化、有效地使用中国有限土地资源（而不是现行《土地管理法》第3条的内容）可能会成为土地利用规划和控制的主要目标。为了寻求这种优化方案，人们可能会同时研究所有的需

求，其中一个重要的需求就是保护农用地，其他的需求可能还有为工业、住宅和服务设施寻找土地。

（3）中国能否承担将已有村庄集中/重建的费用，这种做法在环境上和风俗上能否被接受

（4）不要为了得到土地就毁掉所有的村庄。应该进行转移农村建筑物的成本收益分析。计算新的建筑物的建设成本，并将其与减少的农作物产量的资本化收益相比较，这种产量的减少是因为在以前的农民居住地耕种的费用导致的。与过去相比，从新的居住地到田地增加的交通成本也是值得注意的

中国这种严格的农用地保护政策和限制建设用地指标的政策已经导致了全国性的严重后果，而这种后果还没有在土地利用规划和指标制度中得到充分考虑。为了实施有效的城市总体规划和详细规划，在城市建成区内需要增加用于城市开发的建设用地，如工业和住宅用地，而许多城镇的建设用地指标已经用完了，这时只有在减少另外一些地方的建设用地的情况下，新的建设用地才可以增加。农村居民点、农村建设用地可以变成耕地。在被访的沿海地区的小城镇和中国的其他部分地区，这种把已有农村居民点变成耕地的做法正在开展。

根据官方说法，农村的建设用地不集约和低效利用是政府号召在这些区域进行土地整理的原因。

除了国务院《关于深化土地改革严格土地管理的决定》（国发［2004］28号），其他的中国法律及规章并没有提到这种思想。国务院《关于深化土地改革严格土地管理的决定》中提到了要加强村镇建设用地的管理，编制乡（镇）土地利用总体规划、村庄和集镇规划，明确小城镇和农村居民点的数量、布局和规模；鼓励农村建设用地整理，城镇建设用地增加要与农村建设用地减少相挂钩；禁止擅自通过“村改居”等方式将农民集体所有土地转为国有土地。

在前面的建议中已经部分地讨论了村镇规划的问题。可以看出，上述开发将农民转移到新的居住中心和密度更大的村庄，并把他们以前的居住地清理以变成土地的做法可能很快毁掉很多村庄，甚至可能毁掉中国大部分的传统村庄。这真的是国家目标吗？在经济上是可接受的吗？

把农民向新村庄转移的财务成本和收益又如何？这一过程意味着怎样的经济、环境、社会和文化后果呢？如何计算其成本和收益？或者究竟有没有计算过成本和收益？这一过程的实施成本，为农民建造新家的成本、把居住地变为田地的成本、从新住宅到耕作土地增加的距离成本，是否比在从前住宅用地上耕种而增加的粮食产量的收益更大呢？未来收益的计算期是20年还是2000年呢？在有效率的经济中这种收益通常应该在5~10年后完全显现。当前的投资应在最长20年后收回。消灭现有村庄的投资巨大，并且成本收益计算的结果也可能是负的。一些案例的成本收益计算表明这种方式的正面效果；另外一些案例则表明，将农民从现有村庄转移出去以及给他们投资建设新村的想法可能在经济上是不可接受的，而且在环境和风俗文化上也是难以接受的。不过，也有一些案例说明，许多农民希望有这样的改变，而且完全接受这样的改变。

上述开发需要进行规划、分析和妥当的决策，规划过程需要征询农民和村集体的意见。任何变化，任何关于储备以及改变农村住宅的决策，都需要得到村集体和农民的赞同。

（5）在土地管理中，要提高公开性

项目组专家和来自各个土地管理部门的专家都进行了热烈的讨论。他们会很快地出示土地利用规划图和报告。通常情况下，土地利用规划文件、年度计划、土地利用开发报告和比例尺为1：10000的详细数据图都是保密的信息或仅管理部门能得到。我们不允许得到副本。普通市民也不可能得到这些文件的副本。然而如果文件有问题，又如何征询意见呢？如果文件是机密的，那么管理机关试图隐藏的秘密是什么呢？也许有一些真的秘密，并且如果这些事实被公开的话，土地管理者就会因此而陷入麻烦。据一位被访的土地专家说，有一些情况是因为土地征收并没有按照合法的规划进行，农民们会到地方当局去问个究竟。也许一些政府官员害怕将那些违反规划，秘密批准的项目公开。这难道对于公共管理有好处吗？

在1997年土地利用总体规划编制审批规定指出在土地利用总体规划批准前，审批机关应当充分听取社会公众意见，土地利用总体规划经批准后，应当公告。这个规定似乎并没有完全得到地方的重视。

浙江省土地管理部门的一个规划专家告诉工作组说："我们想要推进土地利用规划的全面公众参与。我们没有什么可隐瞒的。但是不幸的是，地方政府并不理解。"如果事实真如他所说，那为什么要隐瞒土地利用规划文件和报告呢？与国家安全相关的军事和防御细节并不包含在这种文件中。土地管理法和实施条例应该清楚地规定土地利用规划文件的公开性。国土资源部的最新指示表明，公众参与通常应作为土地利用规划过程的一部分。如果文件是保密的，那么这将不可能实现。

关于土地指标和限制城市发展的严格规定自然会令投资者不高兴。为什么取消我的项目，而批准其他项目？如果规划文件公开，则不会再因此而有争端了。从长期来看，隐藏事实、当局的决策以及当局决策原因的做法可能会导致当地社会的更大冲突。国际经验表明信息公开，公文和决策公开能减少严重的冲突。为了在地方管理层面上具有透明度，需要对土地利用规划以及规划过程的公开进行规范。

（6）准确评价土地利用状况

国土资源部最近出台了《土地利用总体规划修编中土地利用现状数据确认技术规范》（国土资厅发［2005］95 号）。通过利用最新的定点卫星资料，土地利用规划基础数据的质量将会得到提高。准确的开发项目和详细土地利用变更的连续数据也是需要的。如果建设项目占地比实际少算一些，那么可能推进建设要容易些。项目规模的评估可能不总是完全清楚的。土地管理部门应该准确、系统和客观地评估土地利用状况。

（7）提高土地利用规划的公众参与

（8）在土地利用规划中恰当地编制环境分析的内容

在现行的《土地管理法》、《土地管理法实施细则》和《土地利用总体规划编制审批规定》（国家土地管理局令（1997）第 7 号）中规定了土地利用规划编制的过程及其内容。2005 年，国土资源部正在起草修改《土地管理法》并准备起草第三轮土地利用规划的新规则。1997 年《土地利用总体规划编制审批规定》，指出规划的编制步骤有五步，分别是编制规划的准备工作、编制规划方案、规划的协调论证、规划的评审和规划的报批。规定还指出在土地利用总体规划批准前，审批机关应当充分听取社会公众意见，土地利用总体规划经批准后应当公告，但并没有关于具体的听证步骤的规定。根据国土资源部初步透露的信息，在本轮土地利用规划中，听证会显得更加重要。如果关于听证的新法规在不远的将来被批准，那么可能会影响到土地利用规划实践。

前面许多对城市总体规划的建议也同样适用于土地利用规划。因为土地利用规划与所有包括农村人口在内的人都有关系，所以在土地利用规划中组织公众参与要比城市规划更困难。土地利用规划没有城市规划具体。公众对于农用地的保护可能不像对新的建设那样感兴趣。无论如何，关于农村建设用地位置和城市边界的确定是值得关注的，至少对于农村集体来说应该是值得关注的。

土地利用规划应该重视生态环境保护以及土地资源的可持续发展。我们研究的土地利用规划，没有环境的数据资料，而且不清楚在编制中运用了那些环境方面的专业知识，在土地利用规划中和日常的土地管理中，应该利用环境专家并使用科学的处理环境问题的方法。土地利用规划和城市总体规划可以使用同样的环境数据。

（9）地方土地管理部门和建设部门要有效合作

在国土资源部以下，土地管理行政机构采取垂直的层级管理模式。而地方建设行政机构包括城市规划和其他的办公室则都是地方行政机构的一部分，在镇和县政府的领导下，遵循国家建设部的立法和规定办事。土地管理机构和建设管理机构都要推进土地的优化利用和促进良好的环境。每个城市开发项目都需要经过这两个行政管理机构和其他办公室的批准。要有效协调城市开发就需要这些部门的有效合作。数据、地图以及各部门的专业知识应该有效地共享。理想的做法应该是，城市规划、城市开发控制、土地利用规划以及土地开发控制都由同一个部门负责。该部门可以同时实施各种法律、规定和规划。这样，当事人就可以只到一个部门处理事务或得到服务，这才是有效率的。

好几个被访的县和城镇都展现出建设和土地管理部门的积极合作。在一些被访城镇，建设和土地管理部门，或者至少城市规划和土地管理部门，是在一个大楼中的同一个办公室内。这种做法应该更广泛地推行。在另一些城镇和县，土地和建设部门离得很远，没有合作。当事人必须在不同的部门之间往返，要花时间去弄明白机构办事的方式。这是没有效率的。每个地方当局都应该研究当前这些部门应如何协作以及如何改进协作。部门合作的改进可以加快发展和改善城乡环境。

要加强部门之间的更有效合作。中国自上而下的层级式部门管理体制难以推进不同管理机构之间的有效合作。不同机构之间很难直接合作是因为部门之间的联系和协商似乎都是领导的事情，而这些领导也在忙于其他的管理事务。在不同管理部门之间以及不同管理部门的专家之间需要一种新型的公开合作的文化，以满足人们对于综合的最佳合作的需求，这种合作是需要跨越管理部门界限的。

改进不同管理部门之间合作的方法包括：建立适当的管理电话目录，使用部门交叉的工作场所，组织联合培训以及信息讨论会，公开交换文件和数据，可以不受部门领导或地方政府分管领导阻碍地与其他管理部门的业务人员见面，公开讨论跨部门的综合性挑战以及合作项目的问题。

（10）确保地方土地管理部门得到基本的专业人才和财政支持

被访的小城镇之一陈淋子镇的土地管理部门的财力极弱。工作组被告之几年前镇土地管理部门运营费用主要靠农业税。大约两年前，农业税被免除，所以目前土地管理就没有资金来源了。土地管理部门既发不出工资，又没有业务。这样，原有的土地管理专业人员在工资停发后很快就离开了工作岗位。有一个现在暂时在镇土地管理部门工作的人员，在业务方面从来都没有接受过专业的训练。他从来没见过县管理部门的人，也不认识其他的专业土地管理人员，但是他却要负责整个镇的土地和环境管理工作。他的工资从计划生育办公室的预算中支付。在他空空的办公室里，既没有办公设备，又没有其他的工作人员协助他工作。他也不知道文件和地图都在什么地方。近来，县一级对该镇和其他两个镇的部分土地管理工作已移交给坐落于陈淋子镇的史河湾试验区。

土地管理无法接受上述的情况。在土地管理中，要确保具有基本的专业人才和资金支持，否则无法在责任管理中保持责权明晰。

（11）明确是谁得到国有土地的出让收益以及如何使用这些收益

（12）公开拍卖/招标可能并不总是最好的土地提供方式，提前批准出让价格也是能接受的

（13）审视国家土地租赁合同的细节（出让条件、基础设施使用、详

细规划的阶段、许可的建设量）

根据《城市房地产管理法》第12条，国有土地使用权出让可以采取拍卖、招标或者双方协议的方式。商业、旅游、娱乐和豪华住宅用地，有条件的，必须采取拍卖、招标方式；没有条件，不能采取拍卖、招标方式的，可以采取双方协议的方式。该法在第12~16条定义了合同和费用的内容。国土资源部也有许多关于这方面的补充规定，比如：

- 《划拨土地使用权管理暂行办法》国家土地管理局令［1992］第1号
- 《协议出让国有土地使用权最低价确定办法》国家土地管理局令［1995］第2号
- 国土资源部《关于进一步推行招标拍卖出让国有土地使用权的通知》国土资发［1999］30号
- 《国有土地招标出售条例》2002年7月
- 《规范国有土地租赁若干意见》国土资发［1999］222号
- 《关于开展经营性土地使用权招标拍卖挂牌出让情况执法监察工作方案》2003年4月
- 《中华人民共和国城镇国有土地使用权出让和转让暂行条例》国务院令55号
- 《用于农业土地开发的土地出让金收入管理办法》财综［2004］49号

被访的小城镇土地管理当局告诉项目组，城市商业用地和私有住宅用地不得不通过招标和拍卖提供。当局确定了基准地价，但通常竞标会超过这个价格，土地使用权就提供给了出价最高的企业。企业要立刻支付未来50~70年的土地使用权租金。部分地价作为对农民的补偿被分配，而大部分地价上缴财政用于建设城市基础设施和土地开发。然而房地产开发商通常不得不自己建设项目内部的基础设施。

根据《城市房地产管理法》第18条，土地出让金应当全部上缴财政，列入预算，用于城市基础设施建设和土地开发。这些费用是得到国有土地使用权的个人和组织支付的。几个被访的地方政府说，土地出让金是地方财政用于基础设施建设的主要来源。一些土地管理部门说，这笔钱足够建设管道之用，但不够建设道路之用。在一般情况下，政府出让的土地似乎都是过去的耕地而不是建设用地。

根据《土地管理法》第 55 条，新增建设用地的土地有偿使用费，30% 上缴中央财政，70% 留给有关地方人民政府，都专项用于耕地开发。项目组不能确定在现实中这一条法律得到了多大程度的遵守。一般被访的地方政府都会说，他们乐于高价拍卖土地（新增建设用地），这样就能够进行基础设施投资了。

似乎上面提到的两个法律条款的实施并不清楚。事实上，为了何种目的要将土地拍卖、招标和协议出让金转移呢？是建设基础设施，还是开发新的耕地？这似乎并不完全清楚，地方政府发明了一套自己的做法，来使用土地使用权出让金，并将其在不同级别的管理部门之间进行分配。在土地管理立法和实施条例中应该更加明确这个问题。

公开拍卖过程可能会给地方政府预算带来源自土地的巨大收益。这也意味着，他们可以从商业和住宅开发商的建筑物和公寓销售和经营中得到地价。这个过程提高了人们的住房成本，而既没有推动社会住房保障，又没有控制房价。拍卖限制了地方政府为人们选择最佳商业服务提供者的可能性。大的资金充足的企业会在竞争中取胜，而小的新兴企业可能会陷入困境。

和拍卖相比，招标是更好的土地供应方式。具体项目中应写入的招标规则，包括有好的建筑和风景设计目标、推进社会住房保障、规定公寓的出售价格、建设基础设施的义务等。在招标过程中，应该同时评估工程项目的质量、土地使用权价格以及投标者的其他投资价值。

在欧洲，通常的做法是，如果有土地可供应，就先确定其价格并提前公布，在一些情况下，法律也允许运用社会标准选择企业或开发商。为避免不公正的行为发生，标准应该明确而且应由公共集体组织作出提供土地的决定。中国过去在土地供应中存在太多的腐败行为，无论以哪种方式供应国有土地，都应该严格消除腐败的可能性。

在城市规划的哪个阶段应该进行土地的招标和拍卖呢？应明确在招标拍卖文件中指出，允许的建设量、最大的建筑层数和建筑基底面积、建筑要求、投标人的义务，包括按规定的时间进度进行未来的基础设施建设、服务性工作和工程项目建设，以及其他的土地供应条件。通常在一个地区，至少控制性规划应是有效的。为满足环境建设的需要，地方政府在招标拍卖之前可能已经批准了详细建设规划。招标和拍卖的条件之一就是出价者或投标人要遵守有效的城市规划。需要采用规范的拍卖或竞标文件以改进土地利用出让行为。

法律没有规定工业用地供应要进行拍卖或招标，然而地方政府似乎也将拍卖和招标用于工业用地了。一般这不是健康的做法。地方一级的不同工业项目和企业具有完全不同的环境、劳动力和经济需求及影响。选择一块工业用地的企业，主要不是根据其能否支付最高的地价而是其他的条件。地价和工业用地的供应条件可能需要企业支付其基础设施的费用。也许提高当地就业率很重要，那么当地政府就会因此而以接近免费或以农用地价格把土地提供给受欢迎的企业。企业可能承担了其他从长远看来有利于当地社会的职责，而不只是支付土地价格，比如可能支付了托儿所、公园或学校的成本。地方政府要妥善对待已有的企业和潜在的投资者。为一个企业提供特殊利益而要求从其他相似企业索得利益，可能会造成不平等竞争。

（14）允许使用土地年租

（15）将基础设施成本和地租分开

（16）征收不动产税

根据中国的土地使用费征收的通知，土地收益必须一次性足额支付。在租期的起始就要支付整个土地使用权期限（50～70 年）的巨额土地出让金。如果不支付全部价款，则不能批准农用地转为建设用地，也不可以开展土地征收，否则就意味着非法用地。如果不支付全部土地出让金，用地者就不能得到土地使用权。虽然有这些规定，但在中国南方部分地区已经允许将土地年租制作为土地租赁制度的一种试验而开展。

在欧洲国家，相当标准的做法是，将基础设施费用和土地租金分离开。第一阶段的各种投资常常是需要的，如道路、给排水、通电或集中供暖。其他的费用要根据对水、电、热能的消费决定。比较好的做法是测算日常消费，并根据消费情况收费。

在欧洲，土地年租金是对土地长期价值的补偿。比如，土地年租可能是当年土地市场价值的5%。在自由竞争的市场中，土地价值是变化的，但地方政府有合理的理由要推进社会住房保障，并把地租维持在社会可接受的水平。对地方政府预算来说，土地年租金是稳定的可持续的长期收入。在租赁合同中有达成一致的租金，但由于通货膨胀，即社会价格水平的整体变化，地租也需要经常上调，比如每年根据消费者价格指数的变化进行调整。租赁合同可能严格限制了更多的土地租赁。

大多数的欧洲地方政府通过出售提供建设用地，卖的不是土地使用权而是土地所有权。在这种情况下，常常要在接近土地供应的时间支付全部价款。通过这种方式，地方政府一次性得到了全部价款，未来就没有租赁收入了。大多数的欧洲国家都有年度财产税。在大多数的欧洲国家，财产税收入全部归地方政府所有。在一些欧洲国家，不动产或财产税是地方政府最重要的收入来源。

不动产税意味着要向土地和建筑物的所有者征税。在缺乏私人财产制度的中国，不动产税就是对土地和建筑物使用权人征收的税，通常按地产现值的一定比例征收。比如，财产税可能是土地和建筑物价值的1%或2%。实施不动产税收制度需要对不动产所有者及使用者、土地及建筑物、不动产质量、数量及价值的数据进行登记。中国已经具有了土地和房地产的登记制度，土地使用者、建筑物和公寓的使用者或所有者都要登记。中国没有自由竞争的土地市场，土地价格也受到行政管制。然而却有一个有限的房地产市场，可以由买方和卖方自由决定公寓、房屋的价格以及与之相联系的土地使用权价格。征收不动产税可以把土地的管制价格作为土地价值。不动产税收中的建筑物价值可以是基于市场的管制价格或是评估价格。在一些国家，农用地、林地以及可能农民的建筑都不征收房地产税；工业和商业全部要征收房地产税；能源生产企业由于其价值巨大，所以要征重税。在许多国家，人们认为国有土地和建筑物都是集中管理的，对其也要征税。而且，所有的不动产税收要纳入地方政府预算，这就激励了中央政府有效使用国有财产并去掉那些不需要的不动产税。如果中国创造出清晰的包括私有财产在内的财产法，也会使其房地产税收得以发展。

中国已经具有可操作的房地产税收制度。在《城市房地产暂行条例》

的规定下，只对外国投资企业和外商企业征税。中国还有另外两个税种，房地产税和城镇土地使用税，事实上它们也是某种房地产税收。一般而言，房产税是房屋原值减10% ~30%后的1.2%。土地使用税是不考虑土地价值的，就是简单的每平方米的费用，但在大城市费用较高。现行的税收体制也许需要将此三个税种合并为一个统一的包括土地和建筑物在内的不动产税。

注意中国还有不动产交易税，建立在营业税上的城市维护和建设税，不动产契税以及个人转移国有土地使用权、建筑物和构筑物时根据价值增加征收的累进土地增值税。单位和个人在签订与房地产流转有关的房地产合约和证书时要支付印花税。

中国的地方政府要得到更多和更稳定的收益。将基础设施价格与地价分离，采用土地年租和发展不动产税的方法都是国际上已被证实的提高地方政府收益的方法。

（17）50 ~70 年后，土地租约会变成什么样

依据《城市房地产管理法》（第20 ~21 条），土地使用权因土地灭失而终止。土地使用权出让合同约定的使用年限届满，土地使用者需要继续使用土地的，应当迟于届满前一年申请续期，除根据社会公共利益需要收回该幅土地的，应当予以批准。经批准准予续期的，应当重新签订土地使用权出让合同，依照规定支付土地使用权出让金。土地使用权出让合同约定的使用年限届满，土地使用者未申请续期或者虽申请续期但依照前款规定未获批准的，土地使用权由国家无偿收回。

以上相当明确。看起来土地使用者的地位在到期时被保护得相当好。但是万一公共利益需要收回土地时，补偿问题就不完全明确。公共利益包括哪些？依照合法的城市规划，更高密度的住宅、新的商业或工业使用的土地需求算不算公共利益？这些建筑物应不应得到补偿？需要土地使用者自己将土地恢复原状吗？

如果中国逐步完善财产所有权体制，那么土地使用权合同在届满时可能需要变为所有权，但可能更早。如果物权法可以得到批准的话，这一细节需要在未来的物权法中明确。

（18）如何在农村集体中分配土地补偿费

《土地管理法》第46～51条和《土地管理法实施条例》第25～26条，规定了农村集体所有的农用地转为国有建设用地的补偿原则。依据规定，土地补偿费应归农村集体经济组织所有。依照法律，农村集体经济组织应当将征收土地的补偿费用的收支状况向本集体经济组织的成员公布，接受监督。

据一些被访的中国土地专家说，虽然存在有效的规章，但是怎样使用补偿费以及怎样在农村集体成员内分配补偿费的问题还不是很清楚，农村集体还存在一些问题。一些农民认为，他们没有得到适当的补偿。项目专家没有办法来研究问题的更多细节。但是，似乎需要一些清晰的国家级规定，指导方针、恰当的地方决策以及农村集体的内部控制，来明确土地补偿费的使用。

（19）如何组织补偿，如何评估补偿费用，在城市更新中如何在居民中分配补偿费

大多数关于城市规划和城市土地开发的法律条款都会涉及在以前的农用地上规划和建设新区。这是中国城镇发展的典型情况。然而，越来越多的城市开发常常会发生在已有的建成区，土地使用权和城市房屋权属已经进行了登记（见1998年《城市房屋登记规则》）。

在《土地管理法》第56条和第58条中，简要地对城市更新进行了规定。另外还有一部关于城市更新的部门法规。城市土地用途的改变需要得到相关人民政府和相关城市规划行政部门的批准。如果因公共利益需要使用土地，或者为实施城市规划进行旧城区改建需要调整使用土地的，可以收回国有土地使用权。因这些原因收回国有土地使用权的，对土地使用权人应当给予适当补偿。

在中国的一些案例中，似乎房地产开发商支配着市民的权利。不幸的是，有时地方政府和房地产开发商似乎携起手来一起对抗市民。新闻会报道这样的情况，在城市更新项目中，规划缺乏前瞻性的内容，没有对市民提供咨询服务，有时会采用各种各样的施压手段。也有许多好的关于地方当局提供公开信息和支持市民的例子。中国的城市开发看起来像块大蛋糕，人们并不总是有足够的时间来重视现有居民的权利。中国

需要更明确的关于城市更新的法律法规。规划方案常常要在规划编制和建筑物维修中，更好地保护已有建筑物，而不是完全拆除。为了防止不组织补偿，不估价城市土地、建筑物和构筑物补偿费用，不按程序和进度支付补偿金的做法，需要在法律上系统地对这些细节加以明确。人们不该由于城市更新而遭受痛苦。对于现有建筑物修缮、维修过程组织和分摊维修成本的情况，可能也需要对法规和方法进行改进。

大多数欧洲国家都有很好的有关征地立法的例子，这些例子可被用来作为改进中国城市更新补偿制度立法的比较材料。

（20）将土地登记地图数字化

在中国，政府需要对所有的房地产权益进行登记归档。《城市房地产管理法》（第 60 ~ 62 条）做出了有关不动产登记的法律规定，如土地使用权、房屋所有权、房地产抵押登记以及颁发相关证书。由国土资源部颁布的《土地登记条例》对土地登记有更多详细的规定。

土地登记地图是土地登记技术的一部分。每个登记单位都需要进行不动产调查以及制作地图。大多数宗地图现在都是通过计算机方法来绘制的。土地管理部门应该准备好一个覆盖所有登记单位及其边界和位置的土地登记总图。一些土地登记图是手工画在塑料上的，相当陈旧，但目前也有许多地图已进入了地理信息系统，任何时候需要都能打印出来。由于用地单位及其边界的变化，土地登记地图需要持续不断的更新。从 1989 年就有了关于土地登记图的标准。根据那个标准，宗地图通常以 1∶500的比例尺绘出，城市地区土地登记图的比例尺为1∶1000。土地登记图覆盖了 80% 的中国城镇地区。所有的县政府所在镇和 60% 的小城镇都有土地登记地图。土地登记地图仅覆盖了 40% 的中国农村居住地。所有新的土地登记图都制成了电子数字形式。

城市地区的数字土地登记图比老式手绘登记图更易于更新和使用。土地登记图在城市规划中是非常有用的材料，在日常的土地管理中也是必备的工具。因为这个原因，应尽快将其数字化，使之覆盖所有的城市地区。在准备制作的过程中，比例尺为 1∶1000 的现状地形图是非常宝贵和有用的支持材料，这些材料主要在城镇和县建设办公室那里。土地登记地图和地形图应采用相同的坐标系，在相同的表格系统和相同的分层的地理信息系统内。

（21）对地方土地管理进行独立审计

编制地方土地管理计划和实施计划都由地方土地管理部门负责。在很大程度上，计划的编制和数据管理都是保密的。这一管理过程包括了对国有土地和集体土地的处理，涉及所有的投资项目，包括对拥有土地所有权的农户的补偿，还包括用认真考虑后的价格出售土地使用权。良好治理的基本原则是，所有管理单位及其资产和财务行为都要接受经常性的独立的财务审查。

（二）关于控制开发的建议

（1）简化规划建成区建设用地的审批程序

《城市规划法》（第28～38条）规定了城市规划的实施办法。其他关于开发管制的条款存在于《土地管理法》、《城市房地产管理法》以及《建筑法》中。根据这些法律，城市规划区内的建设项目的批准程序包括如下几步：

①相关政府部门批准项目（规划部门，发改委）。

②确定建设工程选址如地点和边界，规划设计条件，并由城市规划管理部门颁发建设用地规划许可证。

③向县级以上土地管理部门提出用地申请。

④由县级以上人民政府批准申请。

⑤由土地管理部门分配土地。

- 土地调查
- 土地利用规划的批准机关批准占用农用地的城市建设（见《土地管理法》第44条和第21条）
- 征用和确定对农村集体农用地的补偿额（见《土地管理法》第45～51条）
- 出让或划拨土地使用权（见《城市房地产管理法》）
- 想要使用土地的建设单位支付土地补偿金（见《土地管理法》第55条）
- 在想要使用土地的建设单位和土地管理部门之间签订土地使用合同

- 支付土地使用权出让金（见《城市房地产管理法》第 12 ~ 16 条）
- 向申请用地者颁发土地使用权证书

⑥申请建设新的建筑物等（见《城市规划法》第 32 条）。

⑦规划建设项目许可证（见《城市规划法》第 32 条和《建筑法》第 7 ~ 8 条）。

⑧申请办理开工手续（见《城市规划法》第 32 条）。

⑨建设项目投标并签订合约（见《建筑法》第三章）。

⑩建设项目监督管理（见《建筑法》第五章）。

⑪建设项目审批（见《建筑法》第 61 条）。

以上的程序相当复杂，它的细节在四个不同的法律和另外许多规章中有所规定。该程序涉及两个部和两个主要的地方机构。通常在实际操作中，有比以上更多的步骤，涉及更多的管理部门，环境、供水、道路等部门也参与其中。

看起来一般人几乎不可能搞明白批准城市建设项目所需的行政程序，由于这个原因，城市建设要由专业房地产开发商和建筑公司来负责。另一方面，因为在中国城镇里独立的家庭别墅通常是被禁止的，一般市民不会申请建筑许可证。在城市规划区外，土地利用总体规划的建设用地范围内，农村居民为自用所建的一层房屋无须办建筑许可证（参见《建筑法》第 83 条和《城市规划法规》第 31 条）。

任何将农用地转为建设用地的建筑项目都需要非常严格的控制和高水平的决策。根据现行法律，农用地转为建设用地需要省政府部门的批准。不论项目是位于被批准的土地利用规划中的建筑用地，还是完全符合正式批准的城市总体规划和详细规划，都要进行批准。似乎很需要省政府对于每个地方政府的土地利用指标的执行情况进行控制。尽管有规划，几个被访城市还是已经用完了他们的建设用地指标，并且正在超过未批准的建设用地指标。等待省政府批准意味着延迟项目。实际上，省政府没有行政能力来很好地控制覆盖全省的数万个独立项目。这种制度官僚且无效，降低了城市和土地利用规划的作用以及规划者和规划批准机构的能力。

关于城市建设的土地批准程序需要简化，但不能放弃保护农用地的目标。不同的简化可能性需要进一步研究。一种可能性是将农用地转为建设用地的项目审批权转给县土地管理部门，这样该项目可以和土地利用总体规划和城市总体规划相平衡，且可以在地方政府的指标内进行批准。关于这些决定的统计报告应呈送省管理部门。批准城市建设详细规划可能需要县土地管理部门的意见。肯定的意见意味着同意土地项目的建设，而不需另外的批准。批准的在详细城市建设规划中的建设用地应被包含在土地管理部门的统计数字中。

欧洲地方政府主张并执行建设许可一站式办公。这种理念意味着管理部门能通过有效的途径服务当事人。申请者只与一位管理专家讨论，并且将他的申请留在办公室。管理部门要负责内部程序，联系多个部门，收集能在管理部门内部找到的文件。如果申请者的文件准备就绪，那么整个程序会有效而短暂。在最简单的案例中，获得一个建筑许可证，从申请到批准只需 15 分钟。在这种案例中，申请人已具有了土地所有权或土地使用权文件。在友好的公众管理部门中，申请人得到很好的咨询和有效的服务。世界上多数地方政府都能不断改进对其公众的委托服务。

（2）加强对非法用地的控制

（3）推进并告知土地使用的合法程序

被访的镇和县级地方土地管理部门和建筑部门通常认为，违法用地和违法建设都不是主要问题。据他们讲，典型问题是边远地区农民的小项目，如土地使用者超出不动产边界建房、开发商或工业投资者过早开始建房。管理部门说，他们完全严格按照法律管理这些案例。看上去，在被访小城镇全都是这样的。但是，中国的新闻报道中不时曝光违法用地案例。许多案例的发生是由于缺失信息和有关法规的专业知识。建设的合法程序非常官僚和耗时。在这些案例中，也有许多是明知故犯，知法犯法。过去土地问题立法不完善，在土地管理中也有许多腐败的案例。由于立法的改进，现在那种情况有所减少，但是仍有一些部门不负责任地纵容违法用地。如果发生这种事情，管理部门自然会对此表示沉默。严格执行土地法规需要严格控制违法用地，对违法者予以严惩。

比惩罚更重要的是，告知人们、企业和不同的土地使用者合法的程序，帮助他们依法行事，迅速有效地执行法律程序。法律越难理解，越容易被违反。

（4）许可证、资格证收费

依据《建筑法》第 82 条，只能对国务院规定的建设活动监管进行收费。

《印花税暂行条例》规定，当执行真正的产权转移合同时或者当申请获得土地使用证或房屋所有权证时，单位或个人必须支付印花税。然而，在实际操作中目前对于签订土地使用权合同、颁发出让或转让土地使用权证书是不收印花税的。相比较而言，如果签订售房或租房合约时，要收印花税。在现行体制下，在与国有土地出让相关的管理工作和证书发放方面，对当事人的收费是不恰当的。

地方管理部门建议、控制并监督个人建设和土地开发项目的资源是有限的。管理部门如果有高素质的员工和必要的设备，就可以改善服务和效率。如果客户为服务付费，并且费用可列入政府预算内，管理部门就能提供更好的服务资源。费用应该公开，直接支付给相关的财政管理部门，而且收费应该易于理解。可采用普通的基本费用加基于项目容量和价格的额外费用作为收费准则。这样将确实消除腐败行为的可能性。

国家和地方需要完善关于许可证书收费的法律法规。地方政府已有通过合法收费获得收益的可能性，应该有效地利用这种现有的可能性。管理服务的费用通常不应超过服务的生产成本。对低收入人群提供管理服务可以免费。

执笔：郭　琳

指导：袁崇法

第四章　环境规划

一、相关法律、法规

《宪法》：宪法关于环境保护的规定，是其他各种环境法律、法规和规章的立法依据。宪法规定，环境保护是我国的一项国家职责和基本国策，并且规定了环境保护工作的指导原则和主要任务。

《中华人民共和国环境保护法》：于 1979 年通过，1989 年修订。在整个环境法体系中，它是最基本的法律，具有仅次于宪法的法律效力。

具体的环境法律可以划分为三类，分别为环境保护法律、自然资源保护法律和其他与环保相关的法律。

表 4.1　　环境法律

环境保护法律 8 项	自然资源保护法律 15 项	其他相关法律 9 项
《中华人民共和国环境保护法》（1989） 《大气污染防治法》（2000） 《水污染防治法》（1996） 《海洋环境保护法》（1999） 《环境噪声污染防治法》（1996） 《环境影响评价法》（2002） 《放射性污染防治法》（2003） 《固体废物污染环境防治法》（2004）	《野生动物保护法》（1988） 《森林法》（1998） 《水土保持法》（1991） 《土地管理法》（1998） 《草原法》（2002） 《渔业法》（2000） 《矿产资源法》（1996） 《防洪法》（1997） 《节约能源法》（1997） 《防震减灾法》（1994） 《煤炭法》（1996） 《土壤侵蚀防治法》（2001） 《可再生资源法》（2005） 《海域使用管理法》（2001） 《水法》（2002）	《乡镇企业法》（1996） 《城市规划法》（1990） 《文物保护法》（2002） 《对外贸易法》（1994） 《农业法》（2002） 《电力法》 《公路法》（1997） 《清洁生产促进法》（2002） 《建筑法》（1998）

（一）环境保护法律

《大气污染防治法》（2000）：有效推动了大气污染防治管理，在法律制度和执法手段方面做出了改革，初步建立了大气污染物排放总量控制和排污许可证制度。

《水污染防治法》（1996）：建立了水污染防治的基本模式，规定各级人民政府的环境保护部门是对水污染防治实施统一监督管理的机关，其他相关部门应结合各自的职责，协同环境保护部门对水污染防治实施监督管理。另外还规定，一切单位和个人都有责任保护水环境，并有权对污染损害水环境的行为进行监督和检举，因水污染危害直接受到损失的单位和个人都有权要求致害者排除危害和赔偿损失。

根据这项法律的规定，城市污水需要集中处理，国务院有关部门和各地方人民政府必须把保护城市水源和防治城市水污染纳入城市建设规划，建设和改善城市排水管网，有计划地建设城市污水集中处理设施，加强城市水环境的综合整治。另外补充规定，所有人口超过 25 万的城市必须建造污水处理厂。

《环境噪声污染防治法》（1996）：规定各级环境保护部门对环境噪声污染防治实施统一监督管理，各级公安、交通、铁路、民航等部门和港务监督机构，根据各自的职责，对交通运输和社会生活噪声污染防治实施监督管理。

《环境影响评价法》（2002）：它将环境影响评价的对象从建设项目扩大到了政府规划，规定环境影响评价是审批规划和项目时的一项不可或缺的法律程序。在历史上首次对公众参与环境影响评价做出了明确要求，对规划或者项目的主要负责人和其他直接相关人的法律责任也作了明确说明。另外，该法律还引入了规划评价跟踪检查和建设项目环境影响后评价制度。

《放射性污染防治法》（2003）：本法适用于在核设施选址、建造、运行、退役和核技术、铀（钍）矿、伴生放射性矿开发利用过程中发生的放射性污染的防治活动。

《固体废物污染环境防治法》（2004）：该法规定了各级政府环境保护部门统一管理固体废物的污染防治。

（二）自然资源保护法律

《野生动物保护法》（1988）：从事野生动物的保护、驯养繁殖和开发利用活动，必须遵守本法。国务院林业、渔业行政主管部门分别主管全国陆生、水生野生动物管理工作。

《森林法》（1998）：该法律规定，所有的森林资源属于国家所有，由法律规定属于集体所有的除外。国家所有的和集体所有的森林、林木和林地，个人所有的林木和使用的林地，由县级以上地方人民政府登记造册，发放证书，确认所有权或者使用权。

《水土保持法》（1991）：制定本法的目的是为了预防和治理水土流失，保护和合理利用水土资源，减轻水、旱、风沙灾害，改善生态环境。

《矿产资源法》（1996）：首次颁布于1986年，1996年得以修订。制定本法的目的是为了发展矿业，加强矿产资源的勘查、开发利用和保护工作。

《土地管理法》（1998）：首次发布于1986年，已于1988年和1998年得以两次修订。该法律主要包括土地所有权和使用权、合理利用和保护土地、国家建设用地和乡镇（城乡）建设用地和相关法律责任三方面的内容。

《水法》（2002）：于1988年发布，2002年得以修订。该法的目的是为了合理开发利用和保护水资源，防治水害，充分发挥水资源的综合效益。该法主要包括水资源的开发利用，水、水域和水工程的保护，用水管理，防汛与抗洪和法律责任五部分内容。

（三）其他相关法律

《建筑法》（1998）：已于1998年3月1日施行。建筑工程的质量和安全很大程度上取决于工程设计者、承包者和监理单位的辨识和许可颁布，建筑工程的监理由私营单位负责。

建筑法主要强调了以下几个方面的内容：环境保护；建筑和设计专业人员的资格考证；相关法律责任；建筑工程质量监督；建筑工地污染控制；具体项目质量保证；遵守法律。

《城市规划法》（1990）：于1990年4月开始施行，主要是为了严格控制大城市的规模和合理发展中小城市，强调了生态环境、经济发展和环境保护的统筹考虑，强调了大城市规划中新区开发和旧区改建的兼顾发展。

《城市规划法》第14条规定，编制城市规划时，应当注意保护和改善城市生态环境，防止污染和其他公害，加强城市环境卫生建设。

（四）国务院颁布的行政规章

迄今为止，国务院已经颁布了100余项有关防治环境污染和破坏、保护和合理利用自然资源的法规，其中主要的法规如下：

- 排污费征收使用管理条例（2003）
- 中华人民共和国水污染防治法实施细则（2000）
- 建设项目环境保护管理条例（1998）
- 淮河流域水污染防治暂行条例（1995）
- 防治陆源污染物损害海洋环境管理条例（1990）
- 城市市容和环境卫生管理条例（1992）
- 防治陆源污染物污染损害海洋环境管理条例（1990）
- 防治海岸工程项目污染损害海洋环境管理条例（1990）
- 饮用水水源保护区污染防治管理规定（1989）
- 防止拆船污染环境管理条例（1988）
- 海洋倾废管理条例（1985）
- 防止船舶污染海域管理条例（1983）

环境与资源保护行政规章，指国务院所属各部、委和其他依法有行政规章制定权的国家行政部门制定的有关合理开发、利用、保护和改善环境与资源方面的行政规章。如国家环境保护局制定的《环境保护行政处罚办法》，根据《环境保护法》、《行政处罚法》等法律法规的规定，对环境保护的行政处罚规定了详细的程序和办法。

地方环境与资源保护法规，指由各省、自治区、直辖市和其他依法有地方法规制定权的地方人民代表大会及其常务委员会制定的有关合理开发、利用、保护、改善环境和资源方面的地方法规。近年来，各省、市、自治区已先后制定了600多项有关环境与资源保护方面的地方法规。

环境保护标准，主要包括两大类：环境标准和行业标准。

环境标准可以分为环境质量标准和污染排放标准，两者都包括水、大气、固体废物、土壤、物理参数、辐射、生态等多方面的标准。到2005年5月为止，国家环保总局已经颁布了363条环境质量标准。

环境标准有国家和地方两级标准，而行业标准只有国家级。

二、环境管理

（一）国家层次

政府以下几个部门共同承担环境管理职责。

国家环境保护总局：保护生态和防治污染，监督核安全，环境保护执法，改善监督和管理，坚持以人为本的原则，维护公众的环境权益，促进社会、经济和环境的可持续发展。

国家发展与改革委员会：参与编制产业政策和清洁生产方针，指导和监督环境综合整治项目和投资资金的使用。

商务部：指导和监督产业结构的调整、技术改革和清洁生产的推广。

财政部：指导和监督项目资金的使用，参与排污费的管理。

水利部：指导和监督水利工程和水资源的分配，编制和实施水土保持规划和流域综合整治规划等。各级政府的水利部门负责水资源的管理和开发工作。

农业部：指导和监督农业非点源污染的控制和农村地区其他环保工程的开展，包括创建生态农业和绿色食物生产基地等，另外还负责编制和实施农业非点源污染控制计划。

建设部：负责城市水资源供给系统和污水处理设施的建设和管理，编制和指导实施城镇总规划。

国土资源部：指导和监督全国土地利用规划和开发，保护海洋环境，管理地下水资源。

科技部：负责研究污染控制技术。

交通部：管理运输环境，控制沉船污染。

卫生部：控制饮用水安全，监测和保护饮用水，负责发放供水卫生许可证。

林业局：负责建设防护林、恢复湿地和保护生物多样性。

中国气象局：负责预测天气、近期气候、城市空气质量、易发生火灾天气和公布天气影响评估报告，指导气候资源的开发和保护，检查建设项目、区域经济开发项目和城乡建设项目的气象条件。

（二）其他层次的管理

在中国，机构之间环境职责冲突的现象很严重。例如，在每个省的水利厅下都设有水土保持局，每个省的农业厅下又有负责处理环境问题的环保部门，而自1998年国家环保总局建立以来，各级政府直至县级政府又都设有环保局。这些机构之间的职责划分很不清晰，存在职责重叠或者缺漏的现象。

在省级以下层次，直辖市、地级市（或者自治区）和县都设有环保局，由各自的直辖市、地级市（或者自治区）或县政府直接负责管理，直接向省相关部门报告，日常决策主要由当地政府来执行。

虽然各级环保局都接受国家环保总局的政策指导，但是它们的经费主要来自于当地政府。当地政府当局决定环保局工作人员的薪金、建设资金、配车数目和工作人员住房问题。因此，环保局必须听从当地政府，对国家环保局的政策遵循力度也就相对降低。

在中国，环境保护机构有4个层级：①国家环保总局，这是个中央政府部门；②33个省环保局，向省政府汇报工作；③市环保局，属于市政府的下属部门，向市政府汇报工作；④县环保局，属于县政府的下属部门。需要指出的是，国家环保总局只能为各级环保局提供技术指导，但是对它们没有控制权。在大部分省，环保局的决策在市环保局这一层执行。如此，虽然各级地方政府的环保局比较重视国家环保局的政策指导，但是它们不得不优先遵循当地政府的决策，而政府一般都是对行政区的社会经济发展比较感兴趣。

表4.2说明了防治环境污染的国家环保总局和各级地方政府的环保局管理体制。

表4.2　环境管理体制

国家层次	国家环保总局	为各级政府的环保局提供水环境保护技术； 在重要项目（如城市污水处理）中管理各级环保局
省级层次	省环保局	管理省内环保工作的开展； 向所在省政府和国家环保总局汇报工作
市级层次	市环保局	管理市内环保工作的开展； 向所在市政府和省环保局汇报工作
县级层次	县环保局	管理县内环保工作的开展； 向所在县政府和市环保局汇报工作

各级环保局是它们所在政府的下属部门，不受国家环保总局的控制，但是应该遵循国家环保总局的技术规范指导。这种体制导致了环境污染（特别是水环境污染）控制的失败，因为在这种体制下各级环保局通常不会优先考虑环境污染控制。

环保局的一个很重要（30%～40%）的资金来源是其所征收的排污费。因此，在一定程度上，各级环保局依赖企业交纳的排污费。至2003年，新的排污收费条例实施后，地方环保局的财政支出已经纳入地方预算，排污收费实施了“收支两条线”。

各级环保局通常不在行政区内实施许可证制度来控制污染，因为它们没有足够的经济动力。

（三）环境影响评价管理

1. 政府机构

国家层次：国家环保总局的环境影响评价司负责在国家层次上实施环境影响评价制度，它的主要职责包括制定环境影响评价政策、管理环境影响评价证书、监督环境保护局工作和审批重大建设项目的环境影响报告书。

划分国家环保总局和地方各级政府环保局职责的一般原则是，国家环保总局负责审查环境影响较大的项目，而环境影响较小的项目由各级地方环保局负责审查。这样，国家环保总局审查的建设项目将减少15%～20%，一般平均每年只剩150个左右。

省级：在通常情况下，省环境保护局都有环境影响评价部门，它们的主要责任包括监管各级地方政府环保局的工作、审批大型建设项目的环境影响评价报告书。

市级：市环保局是环境影响评价制度的主要执行者。大多数建设项目由市环保局审批。县环保局的职责与工作和市环保局类似。

环境项目评估中心，是国家环保总局的一个下属单位，主要负责审批国家环保总局的环境影响评价技术，评估环境影响评价单位和个人，在国家层次开展环境影响评价技术培训，开展环境影响评价相关技术和政策的研究和咨询。该机构的资金来自于环境影响评价的委托单位。

环境影响评价单位提供环境影响评价服务。它们一般被分为两级：

A 级和 B 级。大型建设项目的环境影响评价工作主要由拥有 A 级证书的企业负责开展，这些企业多是国家工程技术研究机构，而拥有 B 级证书的企业大部分是市级环境研究机构。

开展环境影响评价的机构必须先获得国家环保总局的认可和相关证书。证书可分为 A 级和 B 级两种，具有 5 年有效期。

根据国家环保局在 1990 年 6 月颁布的《建设项目环境保护管理程序》的规定，建设项目的环境影响评价管理分为 5 个阶段。第一阶段是项目提议阶段，环保部门进行现场调查并签署意见；第二阶段是可行性研究阶段，建设单位委托环保部门开展环境影响评价工作，环保部门对其环境影响报告书进行审批；第三阶段是初步设计阶段，环保部门对其初步计划进行审批；第四阶段是施工阶段，建设单位将建设项目的进度情况以季报形式上报环保部门；第五阶段是试生产和竣工验收阶段，建设单位向环保部门提交试运转申请报告，然后由环保监测机构监测其试运转记录，建设单位向环保部门还要提交工程验收申请报告，附试运转监测报告，建设项目只有在验收合格后方能进行正式运转。

2. 征收排污费

表 4.3 列出了排污费征收的主要法律法规。

表 4.3　　排污收费的相关法律法规

	法律法规的名称
法律	中华人民共和国环境保护法 中华人民共和国水污染防治法 中华人民共和国大气污染防治法 中华人民共和国噪声污染防治法 中华人民共和国固体废物污染环境防治法 中华人民共和国放射性污染防治法
国务院及各级地方政府颁布的法规及文件	征收排污费暂行方法（过期）（1982） 污染源治理专项基金有偿使用暂行方案（过期）（1988） 关于调整超标污水和统一超标噪声排污费征收标准的通知（1991） 关于开展征收工业燃煤二氧化硫排污费试点工作的通知（1992） 国务院关于二氧化硫排污收费扩大试点工作有关问题的批复（1996） 国务院关于同意征收煤炭城市建设附加费的批复（1992） 有关补助辽河流域水污染防治工程的指示（1997） 国家计委关于同意北京市调整燃煤二氧化硫排污费标准的批复（1999） 排污费征收使用管理条例（2003）

2003颁布的《排污费征收使用管理条例》代替了原来的《征收排污费暂行方法》和《污染源治理专项基金有偿使用暂行方案》。与原来的法规相比，新法规的两大不同点主要在于：一是旧法规规定，只有在排污单位排放的污染物超出排放标准时，才对其征收排污费，但是新法规规定，只要排污单位排放污染物，就要对其征收排污费；二是排污费的征收、使用必须严格实行“收支两条线”，征收的排污费一律上缴财政，环境保护执法所需经费列入本部门预算，由本级财政予以保障。此外，新法规还强调了有关法律责任的规定。

列入排污费征收范围的污染物包括：44种大气污染物、10种一级水污染物（金属）、51种向海洋和水体排放的二级污染物、未按《固体废物污染环境防治法》进行处置的固体废物和超标噪声污染。

征收的排污费主要用于以下项目的贷款或者利息补贴：主要污染源的治理、区域污染的防治、新污染控制技术和方法的开发利用和国务院规定的其他污染防治项目。征收的排污费不可以用于以下途径：企业的卫生设施建设工程、植树造林工程和污染治理工程。

排污费的分配使用必须遵循《排污费的征收、支付和使用管理规定》，其中大约10%必须上缴中央政府，90%留在省内。至于排污费在省内的分配，国家并没有给予统一的规定。

专栏4.1 芬兰案例：在工业产出增加的情况下，河流和湖泊也可以得到保护

位于北欧的芬兰拥有大量的森林资源，其经济发展在很大程度上依赖于造纸业。造纸业曾经是芬兰的主要污染源。1972年，芬兰国家环境保护委员会指出：“很大比例的湖泊和河流正受到污染的严重威胁。大约15%的水体已经被污水严重污染。截至1967年底，超过一半的人口都在饮用受到污染的水体。”

芬兰的水资源保护始自于水污染严重影响城市区域和避暑别墅的情况下。讨论开始于筹资。工业开始投资于污染削减，因为税法规定了强制性的许可证制度。到了这个时候，人们才了解到需要大量的投资。从1973年开始，国家承诺对企业的环保投资进行贷款。企业作为排污者进行投资。一部分改进的材料技术节约了生产成本。从1994年开始，欧盟的法令开始严格指导芬兰的水法。

1970~2000期间，芬兰的水资源保护工作取得了极大的成功。工业和生活污水处理的削减了水体的污染负荷。从20世纪80年代以后，尽管造纸产量增加了，但是纸浆和造纸业的BOD（生物氧需求）和N负荷削减到了非常低的水平，只对当地有非常有限的影响。成功的原因是生产技术上的材料节约和高效的工业废水处理。

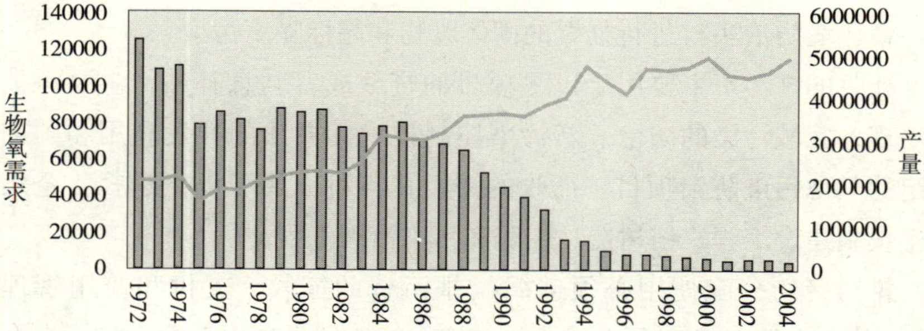

图4.1 芬兰东南部水体的BOD7负荷以及造纸业的产量

三、研究发现

国家环保总局和各级地方政府环保局没有足够的环境污染防治方面的专业人员，这是现在环保局工作成效不显著的一个主要原因，如果这种情况得不到改变，工作成效不显著的状况将长期存在。

专栏4.2

一个在镇政府负责环境规划和建设的人说："我不认识县环保局的人，我在这儿从来没有见过他们。我知道，在县级、市级和省级环保局，有很多环境规划和工程，但是到了小城镇，就只剩下口号了。"

在我们所调查的县中，80～100人规模的环保局，下面一般有不到10人的分区支队。分区并非严格按照“镇”来划分的。一个县可能会有10个以上镇，但是仅5个分区支队。

到了镇级，有时只有一个人负责管理环境规划和建设。这个人没有接受过环境保护方面的培训，和县环保局也几乎没什么接触。在县级环保局需要的时候，把监测数据给他们。即便这些数据来自镇政府，但是镇政府也无法作出合理解释。

县环保局有环境热线电话12369，用于方便公众报告环境危害事件。虽然现在公众拨打很少，但是随着环保意识的普及，它会变得越来越有用。现在，大部分的抱怨来自水污染问题。

1. 环境管理

污染源环境管理措施包括环境影响评价、“三同时”制度、总量控制制度、限期治理、排放许可证制度、排污申报制度和排污收费制度等。排污收费标准比较低，不足以刺激排污者采取措施减少污染排放量。现在，有一些学者开始反对同时施行两种制度。

2. 环境规划

所有的城市都要求编制环境保护规划。一些县级市也有自己的环境保护规划。但是，在县和县级以下，就没有强制要求了。

省环境保护规划需要说明直接隶属该省的城市发展目标和大企业污染排放配额，对于县级污染控制目标和要求仅提出简要说明。

在我们所调查的那些城镇，城市总体规划都包含有环境保护的专门章节，但是都比较宽泛，而且都不是由环境方面的专家编制。县级环境保护部门应该认真审评这些文件。这些规划的内容都很简单，只是粗略地描述废水治理能力和修建持续时间。由于没有提及关于怎样筹集资金、谁负责提议可行性研究，所以城市总体规划的这些内容对于环境基础设施的构建毫无意义可言。

在这些城镇中，只有河南省郑州市中牟县有《环境保护“十五”规划》。这个规划提出了环境保护的目标，并且对于如何控制污染也进行了详细的技术分析。该规划主要包括大气污染控制，水污染控制和固体废物处理三方面的内容，但是该规划没有提及如何资金筹集的问题，所以可行性不强。例如，在中牟的《“十五”规划》中，本地污水治理厂将在“十五”期间或在2005年之前正常运行。但事实上，直到我们参观时，他们仍在将建设资金用于市政建设，污水处理厂的建设和运营还在5年以后的规划中。

对于那些没有环境规划的城镇，环境基础设施的建设将取决于决策人的决定。

3. 与其他规划的联系

环境规划应该与社会、经济和生态相关法规相统一，以保证其实施效果。

土地利用规划、城市规划、社会经济规划和环保规划本身都会体现环境保护的思想。现在，县级和镇级与环保相关的规划主要包括：国土规划、土地利用规划、经济和社会发展五年规划、城市总体规划、流域水污染防治五年规划、城市环境保护规划、流域水资源保护规划、流域水土保持规划、农业环境保护规划、森林开发计划和渔业开发计划等。

土地利用规划决定如何利用土壤、水、矿产、气候和海洋资源等，并且决定如何治理国土资源，包括如何治理河道和土壤沙漠化、如何保护环境。这些其实都是和环境保护相关的。

城市规划是用来指导城市开发的文件。城市总体规划的主要内容包括城镇发展方向、人口规模、城镇土地利用规模和城市的主要发展目标。城市环境是规划内容之一。

经济和社会发展五年规划由各级政府制定，需要人民代表大会的通过。在众多的规划中，它占有最重要的地位。它涉及社会经济生活的各个方面，是政府在五年内开展工作的指导性文件。

4. 数据管理

在现在的环境体制下，国家环保局和地方各级环保局之间、地方各级环保局之间数据共享比较困难。

5. 收费问题

2004年新出台的《水污染防治法》（Ref. 4.2/A/1.5）废除了原先的工业污染源超过排放罚款制度。在旧制度下，地方财政为环保局提供一半资金，违规罚款提供另一半。这样一来，一些环保局非常关注征收违规罚款。如果关注环境质量，环保局就会设法让企业减少污染排放，但是罚款收入将会减少；如果企业拒绝减少污染排放，那么罚款收入就会很多。所以，这些罚款收入应该交由市财政局，而非环保局。2003 年新出台的法规规定，收费和罚款收入全部上交市财政局，环保局的支出由财政局负责。

6. 经费问题

不同地区的环保局，预算情况也不同。富裕地区的经费比较多，而贫困地区却连基本的管理费用都不能保证。但是，不管在富裕地区还是贫困地区，有一点是共同的，环境局肯定是所有政府部门中最穷的一个部门。

7. 汇报制度

各级环保局直接向省级部门汇报工作，同时它们也受所在当地政府的领导。因此，各级环保局处于一个比较尴尬的境地，因为这两个上级的指示通常是矛盾的。

8. 环境许可证

在我们所调查的县，污水排放制度都已经实施，实施该制度的本意在于将排放量控制在环境容量允许范围内。但是，环境容量的科学确定还有待研究。现在实施的许可证制度仍停留在浓度控制阶段，而非总量控制。

9. 非政府环境组织

大部分非政府环境组织是由国家资助的，有的甚至是国家创建的，它们并非严格意义上的非政府组织。只有两个组织是真正实施有关促进环保、绿色河流和绿色视野事业活动的，它们还向学生提供环境信息。

10. 利益相关者和公民

一般而言，利益相关和公民并不参与制定环境规划和政策，但是在中国的一些大城市，情况已经有所改变。由于政府部门之间缺乏沟通交流，利益相关者的参与决策能够起到一定的作用。举例来说，建设部门如果决定规划河岸线，它们并不需要向环保局或者公民咨询意见。

11. 地方面临的挑战

政府对于环境保护并不重视。尽管有些政府确实很富裕，比如浙江省，但是环保局的经费还是很少，环保局在制定规划和政策过程中的影响力也很小。在四川省和河南省，环保局的资金远远不够。

环保机构的几个角色通常是冲突的。比如，它们可能会负责管理固体废物，那么它们应该控制相应的行为，这样一来，环保控制活动就不能正常开展了。

12. 大气质量

初入城镇的人一眼就能看出的糟糕的大气质量，在环保局的评价报告里还是好的。不止大气，其他环境因素也是如此，环保局的管理水平真的很糟糕，总是对于糟糕的环境状况给出不恰当的高评价。

13. 水质量

在我们所调查的城镇，不同区域的水环境质量差别很大，因为三个省的水资源状况差别很大。即使是水资源丰富地区的城镇，也会出现旱季缺少灌溉用水的现象。长江上游地区的水质最好，水相对比较清澈，达到水质二级标准。随着经济的发展，县级以下地区的水质越来越差。所调查的其他靠近海洋地区的河流水质污染相当严重。

使用地表水供给用水的城镇从水源保护区取水。许多行为是不利于地下水资源保护的。河谷和河岸地区是砂砾和泥沙的主要来源，在河岸挖沙所留下的泥坑就成为以为垃圾倾倒的场所，河流就成为这些垃圾的流送渠道。在土地利用规划中，工业通常也被安排在靠近河流的地方。

14. 噪声

大家似乎并未认识到噪声的危害，以至几乎没有噪声污染治理行动。在有些城镇，规定午夜之前歌厅必须要关闭，并且已经开始制定创造安静环境的规划。

四、环境规划建议

（1）为乡镇级环保人员提供培训

乡镇一级的环保工作者很少甚至没有接受过环境保护方面的培训。通过培训，他们可以了解不同污染物对环境的影响和监测污染的方法，以及了解各种环境保护规章制度。

开展培训之前，应先对需求进行评估，即通过调查了解培训对象的知识状况和想法。主要的培训方式可以是在县或市一级环境保护局进行的在职培训。

（2）在平级部门和机构之间实施数据共享

许多机构都在收集与环境相关的数据，但是并不与其他部门共享数据。同一行政区内的同级政府部门如此，临近行政区的机构间数据共享就更加困难了。这种做法容易导致地方管理部门把潜在的环境问题转移出自己的区域，但不告诉接受转移地区的管理部门。

（3）制定各级流域综合管理办法

应当通过流域综合管理的方法来管理水资源。水资源的管理不应当按行政区域划分，而是应当按照汇水区来划分。水资源的可持续使用以及污染控制应当由流域管理机构来统一开展管理。以下是仍需克服的困难。

- 水法中缺少关于流域层次的完全的综合性水资源综合管理的规定
- 四大主要法律中缺少综合和协调
- 国家环保总局和水利部之间存在冲突，尤其是在流域级别的水污染规划、管理、检测和报道方面
- 缺少综合性的流域层次的规划和实施机制（尤其是防洪和水利工程）
- 各省在流域层次的水资源和水污染管理缺乏责任
- 没有对流域机构的角色，及其对其他部委、公众和流域居民的责任进行合适的界定
- 没有给予流域机构足够的权力来实施充分的流域综合管理，包括堤坝管理、融资、许可等

亚洲开发银行曾出资开展过一个有关长江流域管理的项目，其建议对于小流域的管理也应当是有效的。

（4）利用地方21世纪议程的经验来促进可持续发展

中国已经建立了一个地方性的网络和平台，来提高地方可持续发展水平。现有130个地方政府，县和区（被划分成三类：城市、县/县级市和乡镇）加入了这个分布在各个省和自治区的计划。该计划有很多示范项

目，其他地方管理部门在切实可行的前提下，可以学习并参照他们的经验。更多的地方政府可以参与到这个网络中来，制定自己的地方性议程（详细信息参见 www. acca21. org. cn）。

（5）完善污染费制度，鼓励企业投资于废水处理

在案例研究中，我们发现乡镇管理部门有一个观点：工业企业已经有了足够污水和固体废物处理系统，因此主要污染源是生活污水和农业非点源。这种观点可能是因为工业企业构成了 GDP 增长的主要部分，而 GDP 增长被认为是目前发展的主要指标。

污染费的征收应当能够激励企业投资于污染削减。削减污染的投资可以由较低的污染费补偿。大棒和胡萝卜都是必需的。

（6）中央政府应建立废水和固体废弃物治理的专项基金，用以支持贫困地区城乡环境基础设施建设，并优先投资于单位投资污染削减最多的项目

以当前投资的速度，还需要许多年才能将所有的城镇污水处理到可以接受的水平，或者所有的城市固体废弃物被卫生填埋，或用其他可行的方式处理。因此，为了最大化投资效率，对投资的优先性进行排序是非常重要的。

首先要确认污染源及其排放负荷，并记录在环保局的数据库中。污染物的削减应该进行费用效益分析，并以此确定优先次序。对于需要削减的污染物的量应当有一个比较现实的估计。一旦污水处理厂没有去除掉污染物，这些污染物将进入污泥中，那么它们最终还是会随着暴雨被冲入河流中。

专栏 4.3　确定区域内环境“热点”，计算其污染影响以及改善环境的费用，在环境效益最高的地方进行改善环境质量的投资

这个例子说明了国际合作可以改善环境。这个方法也可以在中国运用，比如首先在一个或者几个省，或者在市级开展。

在波罗的海的污染削减国际合作中，芬兰的环境部是一个非常活

跃的合作方。20世纪80年代末，芬兰环境部出资对芬兰、苏联西北和爱沙尼亚的污染源开展了一个研究。这个研究对污染源进行了考察，列出了其中的环境“热点”，并计算了它们消除污染所需要的费用。对于特定污染指标的削减费用效果高的污染源，进行优先投资。基于这个研究，投资的导向是基于费用效益分析，而不是地理划分。芬兰和瑞士在俄罗斯和波罗的海各国进行了好几次环境投资，因为在这些地方投资治污，可以更好地削减芬兰和瑞士的污染。

在所列污染源中，最大的一笔投资是用于建造西南圣彼得堡污水处理厂。这是芬兰参与的最大的区域性环境合作项目。在2002~2004年间，芬兰对这个奖金2亿欧元的项目赞助了1000万欧元。

芬兰环境学院的专家通过计算发现，这个项目在改善芬兰海湾生态状况的费用效益相当于或者超过对芬兰沿海的污水处理厂所排放的污水进行除氮的费用效益。这些专家预计，在波罗的海的开放性国际水体和芬兰列岛的大部分地方，这个项目都有显著的正面影响。

这个新的污水处理厂按照国际标准处理圣彼得堡70万居民所排放的生活污水，大约每日处理33万立方米污水。每年削减的入海营养物包括大约2200吨氮和360吨磷，有机物的年削减量为大约16600吨。除了污泥焚烧厂外，这个污水处理厂已经建设完毕并已投入运行。所产生的污泥将由在建的污泥焚烧厂进行处理。

（7）摒弃只清洁当地环境的“下游方法”

地方政府只关心自己行政区域内的环境，对临近区域的环境关心很少或根本不关心。这种现象并非只在中国很普遍，实际上在每个国家内以及国家之间都存在。在欧洲，这个问题导致了跨界流域委员会的建立，并且通过了关于污染监控的国际协定。中国也已成立了几个流域部门，但监测和执行机制不健全。

在中国，当城市和乡镇相间排列在很长的河流沿岸时，摒弃“下游方法”是非常重要的。从一个镇流出的污染物很快就会在下游的镇出现。每个处在下游的镇同时也是其他镇的上游。

（8）建立水源保护区域

《水污染防治法》只给水源保护区域一个很模糊的指示，并主要集中在饮用水水源上。在实际中，它被解释为：除了提供饮用水的水库可以有第一等级和其他等级的保护区域，当前不用作饮用水的储备水源则没有必要保护。

城市规划者在城市总体规划中布置工业和其他潜在污染活动时，应该意识到水资源保护区域的重要性。河岸和河谷的保护非常重要，因为它们蕴含着珍贵的地下水，即使它们目前还没有被使用。受到很好保护的地下水资源应该被看作是珍贵的资本，值得保存为未来所需。

（9）制定环境规划，研究规划方法

乡镇的环境规划一般包含两个层次，一个包含所有普遍的口号，另一个是关于基础设施项目的。基础设施项目规划也并不是基于对环境问题的适当分析。环境规划也不应当只集中在环境基础设施上。

进行环境规划，首先需要进行正规的研究，即对环境现状、合适的环境指标体系，以及对一些有选择的指标进行系统的监测来了解环境变化的趋势。应该研究和分析导致污染指标消极趋向的原因，并采取纠正措施，以取得最大效益。

（10）减少工业和发电造成的大气污染

大气污染主要来自于工业，污染的主要原因是燃煤。过去最大的污染源是电厂和锅炉。它们属于国有企业，目前对它们的监测较为严格。地方环保局对待大型民营企业的执法比较软弱，因为这些大公司是当地经济和 GDP 的重要组成部分。管理部门对民营部门的吸引投资行为应当关注，并且进行严格的排放监测。国家环境保护总局可以通过国际合作识别潜在的需要监测的污染物排放。省环保局和国家环境保护总局应该寻找最佳的可利用的污染防治技术。这对于防止那些为了躲避欧洲和美国更严格的污染控制的企业落户中国非常必要。

（11）促进节水技术发展

在新建的和老式翻新的房屋里，洗手间和个人卫生间正在代替老式的厕所。这种情况加速了水的消耗和污水排放的增长。在农村地区推广干式厕所技术将会很有益，最近研究的生态卫生厕所经验也应该采用和试验。

地方（省）冲水式卫生设备标准也有必要制定，因为当前的国家标准允许的冲水式马桶耗水过多。采用适当的现代设备，可以很容易地显著减少抽水马桶的耗水量。

执笔：宋国君

第五章　基础设施规划

一、法律法规

环境基础设施的法律框架已经在第五章里介绍过了。本章主要介绍有关管理规划及实施规划的具体规章。

（一）起草预/可行性报告

对于市政污水投资方案，可行性研究报告的细节主要依据了由前国家计委颁布的《关于建设项目进行可行性研究的试行管理办法》。根据该制度，可行性报告必须遵从以下规章制度。

《关于建设项目进行可行性研究的试行管理办法》，前国家计委颁布。

给排水设备的规划参照以下规范：建设部颁布的《城市给水工程规划规范》GB 50282－98 和 GB 50318－2000。

前国家计委颁布了《建设项目经济评价方法与参数》，来指导可行性报告中的财政和经济分析。

国家环保总局颁布的《城镇污水处理厂污染物排放标准》。

国家发改委和建设部联合颁布的《城市废水处理工程方案建设标准》。

国家发改委和建设部共同颁布的《城市给水工程项目建设标准》。

建设部颁布的《城市污水处理及污染防治技术政策》。

建设部 1997 年修订的《给水工程设计规范》GBJ13－86（1987 年版）。

建设部 1997 年修订的《排水工程设计规范》GBJ14－87（1987 年版）。

中国国际咨询公司（大型项目）或省/市咨询公司必须评估可行性研

究报告。国家发改委和省/市规划机构要批准评估报告。可行性报告在正式批准之后，该项目才能进行初步设计。

（二）规划的基础数据

1. 水消耗量预测和废水量预测

《城市给水工程项目建设标准》GB50282－98 中介绍了城市人口常规水消耗量的单位指数。管网渗漏也包含在这些表格的指数中。它们主要的依据是《城市建设统计年鉴》，该年鉴选了 175 个典型城市的数据来计算和应用这些指数。

居民水消耗量标准包括日常生活耗水量和全部的生存用水量。《给水工程国家设计规范》GBJ13－86（1997 年版）把整个国家根据不同的水消耗量标准划分为三个区域。

城市的分类和分区制与《城市给水工程项目建设标准》中的综合水消耗量指数 GB50282－98 是一样的。

2. 污染负荷预测

《给水排水工程设计手册》中第五卷“排水工程”列出污染负荷的等价物为 BOD 20－35g/cap 和 SS 35－50g/cap，没有其他的污染等价物。这样的等价物很少用来预测污染负荷。

（三）水资源保护的政策影响

建设部于 1988 年颁布了《城市节约用水管理规定》。

国务院在 2000 年颁布了《国务院关于加强城市供水节水和水污染防治工作的通知》，该文件促进了节约用水进程。

建设部在 2001 年颁布了修订后的《城市房屋便器水箱应用监督管理办法》，规定要有秩序地推广和使用节水产品，比如水箱装置和防渗阀门等，使得新型水箱取代旧式的水箱。

建设部 2002 年颁布部门标准 CJ 164－2002《国内节水设施》。

1. 水价

水价需要遵守以下法律和规定。

- 中华人民共和国价格法
- 国家发展计划委员会 2001 年 12 月颁布的《重要商品和服务价格

成本监审暂行办法》

- 国家发展计划委员会2002年12月颁布的《重要商品和服务价格成本监审暂行办法》
- 国家发改委2002年12月颁布的《政府制定价格行为规则》
- 国家发改委和建设部1998年颁布的《城市水价管理办法》
- 国家发改委和建设部2002年颁布的《推进水价改革的通知》

根据《城市水价管理办法》，供水企业合理的平均边际利益的利率应该占其净资产的8% ~10%，小于6%的被定义为以政府投资为主的企业，小于12%的允许自负盈亏，包括投资于给水设施的贷款、外资、债券和股票等。城市供水企业的合理的平均赢利利润边际比率为供水企业8% ~10% 的净资产，少于6% 被定义为由政府主要投资的这样企业，不到12%的考虑到自立，包括贷款、外国资金、债券或股票等为财政供水设施。

在《推进水价改革的通知》中提到，应该执行城市水费的管理规定，并且要求水费的调整应与水价改革联系起来，并需要强制执行。一些城市允许使用季节性水费。所有的城市必须都要收缴废水处理费。有人提议一些给水和废水处理公司将要尝试着重组建立股份制公司。

2. 水资源

计划、开发和使用、保护以及其他与水资源有关的问题必须遵循以下制度。

- 中华人民共和国水法，新修订的水法已于2002年10月起生效
- 水利部颁布的《建设项目水资源论证管理办法》，2002年5月起生效
- 国务院1994年颁布的《城市供水条例》
- 国务院1993年颁布的《取水许可制度实施办法》
- 水利部1994年颁布的《取水许可申请检查和批准办法》

3. 地下水

为了探寻地下水源，必须实施地下水调查，相关规章如下所述。

- 《城市地下水动态观测规程》CJJ/T76 -98
- 《城市供水水文地质勘察规范》CJJ16 -88

- 《供水水文地质勘察规范》GB50027－2001

4. 地表水

地表水质必须符合《地表水环境质量标准》GB3838－2002 中二级和三级的标准。

中国在入口工程设计方面的特殊规范是水利部准备并颁布的《泵站设计规范》GB/T50265－97。

5. 水处理制度

《室外给水设计规范》GBJ13－86（1997 年版）是给水和分配的主要规范，主要在第 5 章水传播和分布、第 6 章水厂设计和第 7 章水处理中主要介绍、其他相关的规范如《含藻水给水处理设计规范》CJJ 32－89 和《高浊度水给水设计规范》CJJ 40－91。

（四）污水处理规则

由国家发展和计划委员会和建设部共同颁布的《城市污水处理项目建设标准》，包括以下内容。

- 建设部颁布的《城市排水工程规划规范》GB50318－2000
- 建设部颁布的《室外排水设计规范》GBJ14－87（1997 年版）
- 建设部颁布的《城市废水处理和污染控制技术政策》

1. 污水排放标准

国家环保总局颁布 GB8978－1996《污水综合排放标准》，主要针对工业排放，但是二级污水处理厂的排放标准也包含在内。该标准对颁发许可证来对污水处理厂进行管理方面很重要，并且决定了污水处理厂的污染负荷。

国家环保总局颁布 GB18918－2002《城镇污水处理厂污染物排放标准》。

2. 水体接收废水的制度

三类水（水体的作用在 GB3838－2002《地表水环境质量标准》中做了规定）以上，要求污水处理厂的排放要满足一级标准。

四类和五类水，要求污水处理厂排放要满足二类水标准。

不受优先控制的水体，要求污水处理厂排放要满足三类水标准。

3. 废水回收和再利用规则

《城镇污水处理厂污染物排放标准Ⅰ－A》GB18918－2002 对一般废

水回收，包括景观水体回收来说，是基本的要求。

有关废水回用的标准/规范如下所列。

- 建设部等颁布的《城市污水再生利用——分类标准》GB/T18919A－2002
- 建设部等颁布的《城市污水再生利用——城市杂用水水质》GB/T18919B－2002
- 建设部等颁布的《城市污水再生利用——景观环境用水水质》GB/T18919C－2002
- 建设部等颁布的《城市污水再生利用——水源补给水质标准》GB/T18919D－2002
- 建设部等颁布的《城市污水再生利用——工业用水水质标准》GB/T18919E－2002
- 建设部等颁布的《污水再生利用工程设计规范》GB50335－2002
- 建设部等颁布的《建筑中水设计规范》GB50336－2002

（五）费用估算

在中国，只有持有预算资格证的官员才能对建设项目进行费用估算。费用估算要遵循《建设费用控制的执行规定》（国家计划委员会 1988 年颁布）。在这个建设费用估算的规定中，提出十个指导方针。

1. 项目可行性研究阶段的费用估算方法

正如前国家计划委员会颁布的《建设费用控制执行规定》中提到的那样，可行性研究阶段的项目费用估算不应该超出，以确保费用估算的质量。对于给排水项目，可行性阶段估算的费用和预算估计之间的差距应控制在 10%～15% 范围内，否则可行性研究报告需要重新提交来获得评价和正式批准。

2. 项目初步设计阶段的费用估算方法

项目初步设计阶段的费用估算叫做预算估计。初步设计需要达到一个更深入的层次，那就是，为了满足政府对投资控制、设备购买和建设准备的评估和批准的需要。

3. 项目论证阶段的费用估算方法

在可行性研究报告之前的项目论证阶段，通过使用流量等指标估算投资量。估算基于《污水处理工程项目建设标准》（2001 年再版）和《给水工程项目建设标准》(1994 年)。

二、基础设施规划和发展体系

（一）用水家庭/企业/其他

根据水的用途来征收水费，水的用途主要划分为家庭用水、工业用水、工业税费、行政企业用水、服务部门用水、特殊用水等。价钱由城市物价部门以及同级的供水管理部门制定。

城市供水管理部门应该逐步采用水量价和测量价统一的两级水价或者阶梯水价。如果城市水厂是独立的部门或者管网是独立的，则允许不同供水企业采用不同的方法供水，但是同类用户必须制定固定的价钱。城市给水部门应该为每户安装水表，根据精确的用水量收费。

（二）排污管网

由建设部门建设的管道、沟渠、泵站、污水处理设备、井、雨水入口、水入口、水出口和其他排放设施受其监管。排放入公共污水处理体系的污水由监测站进行监测。单位的污水系统由市级建设局检查和监督。单位新建、重建、扩建和整修污水系统应该由当地建设部门批准。

（三）污水处理

环保部门监督和管理污水处理。新建的、扩建的、更新的项目和其他直接或间接向水体排放污染物的设施，应该遵守相关规定。环境影响评价报告应该描述水环境和生态环境建设项目的环境影响。只有在环保部门批准了 EIA 报告后，项目才能开工。

建设局管理当地建设情况。建设局在城市供水、排水、污水处理厂的监督和管理中起作用。

水土保持局决定水的作用区域、控制向饮用水源地排污、监测河流水质、检测水体承载量等 。

城市污水处理基础设施包括处理厂和管道。政府投资修建处理厂比较容易。那些 BOT 承包人建设管网的资金很难筹集，因为资金需求很大，通常经费只能由当地预算供给。当许多部门，如交通、电信等，需要收集资金时，很难从污水管道建设中收回资金。万一管网建设跟不上，即使有污水处理厂，污水处理率也很低。在一些老的建城区，污水收集管网并不是本来就有的部分，而且很难进行后续建设。中国只有很少一些城市拥有单独的废水和雨水的下水道。将来在污水处理系统中，建设独立的下水道是很重要的。

向具有集中污水处理厂的公共排水系统中排放废水的单位和个人，应该支付污水处理费。支付污水处理费的单位不需要支付排污费和排放设施使用费。污水处理费的标准由市级政府制定。

（四）财务、税及投资

污水处理厂主要由县级水利局和建设局管理。然而，资金源可以由不同级别的预算组成，如镇、县、市级预算，以及用户预算。而各部分的比率则都有不同。污水处理企业一般不盈利甚至亏损，通常需要地方预算的扶持。不同地方的水价并不统一。在许多服务领域，污水处理费包括在交纳的水费中。

目前，中国政府已经面向国外和地方资金开放了城市污水处理设施和城市供水设施市场。将来，预期水服务市场将要对国外资金更加开放，除了被认为具有战略意义的管网系统之外。国家发展和改革委员会已经颁布了《关于促进和引导非政府投资的若干意见》和《城市基础设施使用外资暂行管理规定》来调整城市用水基础设施投资 。该行业已经广泛地引入市场机制，吸收多方资金，包括国内外私人资金。

排水设备的资金来源包括政府、受益人、贷款等。当前，资金主要来自公共财政。排放费用用于排水设备的建设、维护和管理。排放者需要持有“排放许可证”或“暂行排放许可证”才能排放污水，并且根据规章制度支付设备使用费。无证向公共排放系统中排放废水是不允许的，并且要被罚款。

近来，许多城市已经征收污水处理费，价钱往往很低。也有很多城市还没有开始征收污水处理费。国家发改委、建设部和国家环保总局共同颁布文件，要求各市应该在征收水价时增加上污水处理费来补偿排水和污水处理的费用。污水处理厂应该独立运作而不是由政府管理。还没建成污水处理厂的城市也可以征收污水处理费，只要污水处理厂在3年内建成并投入使用。污水处理费应该包含管道费用、处理设备运营和维持的费用以及合理的利润。

（五）挑战：投资需求

供水的主要问题包括公共水环境基础设施的低效和投资的高需求。设计和实际能力低效率的原因主要由渗漏和陈旧的供水设施造成的，而陈旧的供水设施的更新受到预算不足的限制。投资不足则是给水仍然很大程度上是公共福利产业的原因。

污水管网和污水处理厂的资金筹集应该有多个渠道和来源，应该吸收社会资金来建设和运转城市污水处理设施。除了中央政府的财政预算和地方预算以及收缴的污水处理费，也应鼓励国际金融机构和国外政府等的参与。

三、管理

（一）水资源和取水

水利部门、地质、卫生和建设部门在监督和监测水资源方面也分别负有责任。县级以上的水利部门、城市规划部门和城市供水部门联合制定饮用水源计划。

地下水年均可用量、水井的整个设计以及地下水取水水位，由县级以上地方政府的水利部门管理。

（二）水源地

其他用水项目以及所有直接用机械设备从江河湖泊或地下水源取水的单位或个人，应该根据《取水许可证体系实施措施》，预先取得取水许可证。因此，它会加强水资源管理、节约用水并促进水资源的合理开发和使用。

所有的企业、商行、公共机构、协会、部队以及以营利为目的的私人取水都要缴纳水资源费。本着“谁颁发许可证谁收费”的原则收取水资源费。该费用由各级水利管理部门征收。征收和使用这些费用的特定的方法由省级政府制定。

（三）给水

县级以上建设局负责给水工作。环保、卫生、城市规划、工程监管、地质和用水管理部门在支持和协助城市给水方面也有一定的责任。建设局和公共卫生部门监督整公共给水服务。县级以上物价部门负责水的定价。

水资源短缺越来越严重。在小城市，尤其是在农村，当水短缺一大部分是由于水质的恶化时，供水设施不足问题越加显著。而且，受传统计划经济体制的影响，由于供水基础设施的发展极不平衡导致城市和乡村地区的供水是分离的。乡镇和农村的居民主要饮用由他们自己经营的小规模的水厂提供的水。水源条件非常简陋，只有过时的技术、陈旧的设备以及高成本、低水质、高渗透率的配水管网。

供水系统基础设施包括水处理厂和配水管网，两者都主要由政府预算投资，并由供水公司管理。中国的所有城市都使用管道供水，居民用这个水清洁、做饭和洗澡。人们经常煮沸以后饮用，尽管近来人们也常饮用桶装水。水处理厂根据水质对原水进行处理，水处理过程一般必须符合国家标准，基本遵从“絮凝—沉淀—过滤”的模式。大多数城市并不测量进入管网的地下水量，也不测量漏损的水量。一般通过计算水产量和销售量之间的差额来估算损失率，一般在10%多一点。原来的水泥管道逐渐的被像球墨铸铁和聚氯乙烯等新材料所取代。

（四）污水管网

直接或者间接向城市污水管网排水的单位和个人必须遵从建设部以及由建设部委托的其他部门的允许。建设部管理和监督全国的排水许可。县以及县以上的城市建设部门负责相应的管辖范围内的排水许可。

四、发现

（一）供水

我们调查过的镇和县级政府通常有责任进行供水的规划、设计、发展、运行和维护。原水通常由既负责地表水又负责地下水储量的水利局管理。由于水源是一个由私人投资者开发和所有的河谷蓄水层的地下水坝，鳌江的原水供应比较例外。原水出售给国营供水公司，该公司再对水进行处理并分配给用户的水公司。由于不同线路和层级的政府部门都参与了初始的投资，所有公司的所有权模式是比较复杂的。在陈淋子镇，水保护部门的地方机构对供水系统的所有方面都负有责任，但是在大多数城镇，经营权是归镇政府所有的。在临城市，有两套供水系统，一个是新的私营的，另一个是旧的国营的。私营的是采用15年BOT模式，包括配水系统，经过发展将会扩张到更多的领域。

大多数大的工业用户有它们自己的供水系统，至少是为了处理水。通常他们的进水口并没有水利局的授权。所有经过调查的城镇都有丰富的地表水储量，但是在一些地方，工业使用大量的地下水而并没有得到相关部门的允许，导致地下水位下降和土地下沉。

在调查过的城镇中，饮用水的原水或者来源于水库或者地下水源。水处理过程从完全的化学处理到没有任何处理都有。通常情况下，经过处理的水水质很好，有时候，原水水质就很好，简单的技术处理就足够了。

配水系统都处于正常的状态，物理的泄漏率在25%以内，旧的经常泄漏的管道不断地被更换。管网设计时并没有管网模型可供参考，因此可能达不到最优的汲水率。

鳌江的供水是供水系统的一个很好的典范，应该用作示范工程，水处理过程成本低，但是运行、维护包括水质控制都可以达到国际标准。

水价在1.5~2元/立方米范围内浮动，包括了运行和维护的成本。在河南，水费包括了污水处理的费用，水价在2.2~2.6元/立方米之间。大多数地方，商业和工业的水价比居民用水高一些。供水所有的投资都来自于财政，依靠销售收入来弥补投资成本的可能性很小，因为水价的上涨会超过用户的承受水平。

水价的征收据说是不错的，如果三个月内没有缴纳，就会停止该用户供水。

（二）污水处理服务

在调查过的城镇中，供水处于相对好的状态，但是废水的服务确实非常简陋。城市生活污水是城镇水环境污染的一个主要原因。新公寓建筑都安装了冲水厕所而不是像旧房子的深坑公厕，并把旧房子的公厕也改装成冲水厕所，这个明显给环境带来了新的威胁。

调查过的城镇新区都有雨污分流的排水管道，这个为污水处理提供了很好的基础。但是在调查过的6个城镇中仅有2个有污水处理厂在运行，另外4个镇污水处理厂都还在规划中。

公寓建筑都有化粪池，甚至在污水处理厂建成运行后这些化粪池仍在使用。化粪池的运行没有那么昂贵。它将废水中的固体部分移除，进行生物处理，并且存储浮渣和污泥。一个正常运行的化粪池可以在池中减少40%的BOD，因此排放的污水成分比较少，包含悬浮固体较少。化粪池清空的频率有的是几个月，有的可以是几年。清除污泥的服务通常由地方政府所有的公司提供。污泥并非运到污水处理厂行处理，即使该地有污水处理厂，通常也是将污泥填埋处理，这仅仅是丢弃废物的一种方式。温江区是观赏植物的主要生产地，也是调查过的城镇中唯一一个用焚烧进行污泥处理的地方，通常在树木苗圃用作肥料。同时，污水处理厂的污泥也同样采用废物倾倒的办法，这个严重减少了污水处理的环境效益。污染负荷从污水转移到污泥如果没有通过地下渗透威胁地下水的水质，最终将仍然通过雨水被带入河流。

专栏5.1　龙港镇开泰纸厂

该纸厂位于接近城镇中心的工业区，原材料是通过镇里的废纸收集商得到的废纸以及附近印刷厂和包装厂的纸板，另外还有一部分进口的废纸。该厂每年产20000吨包装纸盒，主要出售给地方包装厂。生产过程消耗很多水，大概每吨纸消耗50立方米的水。原水来自于河流并且经过自己厂的污水处理的净化。废水再经过处理并被再利用。废水处理产生的污泥同样返回到过程中。纸板被涂上一层白色的高岭土，因此不需要漂白。该过程不会严重污染环境，该纸厂有许多关于可持续的积极方面，比如像回收利用其他厂和本厂的废物，使得原材料和产品的运输过程最短化。

调查中发现，虽然调查城镇中已经运行的两个污水处理厂都是利用公共基金建立的，但是人们普遍认为BOT方式是运营污水处理厂的优先选择。使用BOT的一个原因是认为这种方式更容易监测和监督污水处理厂的处理效率。

工厂通常都有自己的污水处理厂，并且认为已足够处理自己的污水。但是专家组没有办法核实这方面的信息，地方部门倾向于隐藏工业的负面影响。

（三）生活垃圾/一般工业废渣以及其他废物管理

在调查的小城镇中，城市环卫部门负责维持城镇的清洁工作。小城镇的清洁一般是在当天的早晨和晚上，居民通常把垃圾放在指定地点，环卫部门的垃圾收集机动车会来收走并把它们运输到废物中转站。

调查过的所有小城镇都没有正规的填埋场。在温江区，垃圾被运输到焚烧厂，龙港镇的垃圾被运到温州的垃圾焚烧发电厂。这两个镇，焚烧过程都有很好的监控，燃烧温度保持在850～1000℃之间。温江的焚烧厂是私人投资的，该公司每吨废物焚烧收取65元，温州的焚烧厂是通过25年BOT建立的，由政府负责支付焚烧费用和用电费用。

废物材料回收阶段主要发生在废物运输到填埋场或者焚烧厂之前。废物材料的回收和循环利用是一种灰色经济。政府部门并不参与其中，也不赞成，而且对此知之较少。废物材料的回收减少了用于运输和处理填埋的废物量，因此减少了废物管理的成本。目前，废物材料的回收和循环利用被认为是一种公共损害，这个行业的工业都被赶到了郊区。这样使得剩余残渣造成对环境的污染。

除了工业和商业废物以外，废物原料的回收包括玻璃瓶、塑料盒纸板、金属、厨房废渣以及碎布等。在回收利用过程之后，城市生活垃圾主要由可生物降解垃圾和塑料薄板组成。只有在龙岗，废物中还包括相当数量值得回收的废布。

三轮车是最常用的垃圾收集工具，它们把垃圾运到中转站，然后再用拖拉机或者轻型货车将垃圾运到垃圾倾倒场。调查过的城镇都没有可以将垃圾即时压实的卡车。由于大部分垃圾都是可以深度生物转化的，这种卡车并不会发挥多大作用。

通常认为填埋场的运行应该包括压实和覆盖过程，但是事实上这些程序是没有的。这种垃圾的构成成分，也并不需要压实，但是密封覆盖能减少臭味。目前，垃圾填埋场并没有采取任何密封措施，也没有采用渗滤液收集和处理措施，同样也没有收集生化过程产生的废气的系统。通常把废物倾倒在含有水和通常与河流相邻的深坑里。

随着经济的快速增长，有很多的建筑废渣和建筑拆除废渣产生。绝大部分这种废渣并不运输到废物倾倒点，会尽可能地收集起来用于将来的需要，剩余的被用于某些地方的回填和调平。

绝大部分的工业废渣被其他工厂回收和循环利用。

公厕通常被小规模的私人承包商或农民清空，他们把公厕废物用于肥料。

我们得到的对于危险废物的收集信息是非常含糊的。医疗废物和其他危险废物被收集并运输到最近城市的处理厂。一些医院自已有医疗废物的焚烧设施，但是绝大部分地方，医疗废物是运输到城市处理的。

专栏 5.2　垃圾焚烧发电厂，温州为民环境保护工程有限责任公司

该公司通过 BOT 模式建立，采用他们自己的专利技术。BOT 合同有效期 25 年，包括政府出资进行焚烧处理，并且购买电力。这个工程于 2005 年开始运行，目前已经有 3 条线开始运行。第 4 条线完成后，运行系统将保持 3 条线同时运行（每条生产线每年运行 8000 小时），第 4 条处于维修状态。该厂近来每天 400 吨废物产生 15 兆瓦的电。灰烬产生率是 3%，被填埋到该厂附近的一个地方。这个完全的自动化过程由控制室控制。焚烧温度大约是 850℃。

（四）电

电力通常由省级电力公司管理。调查过的城镇以及周围的村子里，居民/农民已经 100% 通电。灌溉是通过一个比较大的电泵站的电泵，工业和商业部门有不同水平的电力需求。城镇的人均消费电量是每年每人 200 ~ 1000 千瓦时，尽管工业中心可能人均消费几千千瓦时。

供电基本上是可靠的，但是某些城镇在用电高峰期，工业区的供电受到控制和干预。一般优先考虑居民用电。浙江省忍受了不少目前相对严重的电量短缺。在供电高峰季节，比如夏季，用于工业的用电会被限制。

调查过的城镇或者乡村里，除了温州的垃圾焚烧发电厂外，并没有地方的发电厂。

在这些城镇的某些新区域内，电力分配是通过地下电缆的，这种供电方式改善了城镇的市貌。

（五）集中供热

在南方调查过的所有城镇中，对于供热需求是比较小的。基于调查时采访对象提供的信息，人们在需要取暖时会在公寓内使用电热器，在房子里使用燃煤炉。

（六）保护区和公园

在河南省，黄河河滩上有一个保护鸟的湿地，是一个市级自然保护区，由旅游局管理，还有一个森林公园由森林管理局来管理。在浙江省大溪镇，也有一个省级的旅游点。

五、建议

（1）研究现阶段材料回收和循环利用产业，并确定该产业对于改善环境的需求以及减少负面环境影响的必要性

（2）对固体废物的材料回收和循环利用提供体制机制支持和技术支持，以减少需要填埋处理的固体废物总量

县和镇一级的管理部门对于固废的回收利用以及怎样循环利用并没有清晰的认识。在小城镇，通常有一些非正式注册就业的个人收集分散在街道上和垃圾箱里的固废，然后把它们卖给中介，中介再把这些材料卖给专门的进行进一步分拣和处理的企业。经济欠发达地区的小城镇，一般情况下没有下水道、没有生活垃圾管理、分拣、处理系统以及其他能够防治环境污染的废物管理体系。偶尔，行政管理部门也会对环境有负面影响的行为采取惩罚措施。

对固废材料的回收利用，在很多方面都是非常有价值的。它能够显著减少需要运输和最终处置的废物总量，能够给很多小型的工业提供便宜的原材料，它也能够给收集分拣固废的人带来收入，而这些人可能是非常贫困的。减少进入废料堆的废物量是非常重要的，因为环境法规要求建设废物填埋工程，而用填埋法最终处理废物的方式，其单位成本是非常昂贵的。

各级行政管理机构应该能认识到材料回收和循环利用产业的价值，并且应该为该产业提供环境上可靠的设施。首先应该研究了解该地区适合回收的原料和循环利用产业的类型和程度。该研究应该包括固废中有回收价值但尚未被挖掘的各个细微环节（如龙港镇的织物类废物）。该产业应该布置在有足够的基础设施、能防止环境污染的工业地带，并且要服从于行政管理部门的正常管理。

当采用焚烧技术时，不论是否有能量产生，其废物归属何方始终是一个问题。很多值得回收利用的废物散料也都是有价值的燃料，比如塑料、纸、纸板等等，垃圾焚烧发电厂希望在废物流中保留这些材料最后进入焚烧炉，以获得每吨一定数量的焚烧费用以及能量利用（如发电）的回报。如果没有认识到循环工业也是可行的合作伙伴，那么行政管理部门就会仅仅听焚烧发电厂的意见。

（3）研究现行的垃圾焚烧发电设施，并且在可行的情况下进行推广

在温州（浙江省）有一个可以代表从废物到能量的废物焚烧的先进技术设施。在该厂，经过焚烧的废物重量可以减少到原来的3%，并且发电的效率也非常高。该厂是通过一个25年的BOT合同模式建立的，地方政府对废物焚烧付费，承包商可以卖掉生产的电。通过谈判可以达到更多的从废物到能量的BOT合约。

垃圾焚烧发电厂是减少进入垃圾填埋场的垃圾总量的一种有潜力的选择，这种方法在不远的将来应该被广泛利用。

国家环保总局应该密切注视这个发展趋势，并且为焚烧厂提供足够的监测机制，包括对焚烧温度和灰烬成分的监测。同时也应该对于焚烧厂的选址和灰烬的可接受的处理系统给与指导。

(4) 关于建立成本合理且不会危害环境的垃圾填埋工程的可行性研究

中国采取了较高的垃圾填埋标准。但是在考察过的镇里，垃圾被简单倾倒在垃圾堆上，也就是并未满足任何标准，这是对环境的一个真实威胁。倾倒点通常是可以被填充或堆放的、任意的深坑或者地面上空旷的地方。而深坑经常还有一部分水，这些水是与河流相连的。这样填埋的固废下面没有任何密封措施，也没有任何收集和处理沥出液的系统。固废没有被压实和覆盖。同样也没有任何处理填埋气的措施。因为废物中的大部分成分已经被循环利用，剩下的废物绝大多数是生化废物。通常也有化粪池和污水处理厂的污泥也被倒入以上这些地方。

如此简陋的废物倾倒现状是对水环境的一种严重威胁。此外，在这些堆放点处理污泥破坏了对污水处理厂投资取得的成效。其中的污染物尤其是滋养物最终不是被带入地表水就是进入地下水。

而如果按照标准建立垃圾填埋场，其运行和管理费用是非常昂贵的，并且在地方政府给他们的投资项目排出优先序列时，垃圾填埋通常并不是被优先考虑的。因此非常有必要设计、建设和运行比现行标准稍低但是已经足够合适的填埋场。比如，聚乙烯衬料已经可以被自然粘土所取代了，建筑和废墟废物则用作覆盖材料。

(5) 研究可行的废水和化粪池污泥处理和处置方法，建设这些选定的方法所要求的基础设施

(6) 研究生活垃圾的堆肥处理（厌氧处理）用于绿地建设、树林施肥和花卉生产以及其他非粮食农业

中国有生化废物堆肥和消化的古老传统。如今堆肥在乡下和郊区的农户家里是普遍采用的，但是规模较小，或者由农场来做。由于生活垃圾的收集集中在城市区域，因此对于废物的处理的兴趣也大大限制了。粪便在乡下仍然是一个可交易的物品，但是绝大多数农民依赖化学肥料种地。粪便作为肥料尽管仍被使用，但是已经不是主流了。化粪池的污泥和公厕的粪便一般也被用作肥料。然而污水处理厂的污泥并不能用在农业上，因为它们被认为有高含量的重金属成分。

把营养返还到农业生产是可持续发展的一个重要方面，这是应该鼓

励的。污泥应该被严格评估是否可以用于粮食生产，但是污泥确实可以用于非粮食农业。比如，潜在的用户有园林苗圃和树木施肥、柳树植物（用于编织）、装饰植物、绿地建设等。

通常污泥直接用作肥料并不是最优选择，但是没有膨胀剂，污泥并不能堆肥，而膨胀剂在城里并不容易找到。城市生活垃圾可以被用作膨胀剂，堆肥产品可以被用作土壤调节剂和肥料。

（7）研究现行污水处理厂处理状况不佳的原因，并且不断改进

（8）研究化粪池对污水处理过程的影响

在区域研究时，我们参观了两座污水处理厂。这两座厂的进水浓度看起来都比较低，可能主要由于化粪池的影响，绝大多数固体废物都沉淀在化粪池底部。废水处理过程看起来只有很小的影响，出水看起来仅仅是比进水好一点。没有迹象表明污泥被去除了，很明显污泥确实产生了，因此营养物质去除率也是很低的。即将投入的污水处理资金占有限的发展资金的很大部分，因此投资必须能够使可能的污染负荷最大地减少。处理工艺在考虑了化粪池的影响后应该是最优的。

（9）研究工业废水处理状况不佳的原因以及如何提高

现场调查中被采访过的环保局给我们的印象是工业废水处理厂处理效率很高。事实上，这些处理厂仅仅提供了比较基本的处理，处理后的污染物负荷仍然很高。每个工厂污水处理工艺应当按照国际公认的标准。地方政府不应该为了引资从而允许低于国际水平的工艺标准。

（10）提高已处理过的废水的再利用

案例研究的城镇都有丰富的水资源。只有在非常干旱的时间需要限制灌溉。当水资源消耗增加时，就需要进行废水再利用了，这也是中央政府所强调的。实际上，在这种政府没有控制的状况下，废水已经在再利用，因为被排入河流系统的污水被下游地区的城镇使用了。

中国的一些城市有废水再利用系统，这应该研究，而且，如果可行的话可以推广。通常工业可以在工艺中使用经过处理的废水。在小城镇，利用处理过的废水的最好的方法是农业灌溉。关于处理废水再利用的另一种可选方法是建立人工湿地，它可以作为一种三级处理工艺。湿地对于生物多样性是非常有价值的，同时也可生产鱼、芦苇和其他有经济价

值的产品。湿地也可以改善水文平衡。

（11）发展和采用能源节约型技术和可再生能源

目前，已经有一些关于区域供热和混合发电厂供电的研究。这些研究的成果以及建议应当给予认真考虑。

近来也有一些研究考虑在建筑中采用绝缘材料。这些研究成果和建议可以在当地条件合适的条件下采用。

在几个案例研究城镇，焚烧庄稼收割后的残余作物是非常普遍的做法。因此关于农作物废物和其他废物材料作为能源生产燃料的利用应该开始进行研究。

（12）利用先进的计算机建模设计供水管网及其运行

案例研究城镇的供水系统相对来说都比较可靠，而且从供水压力指标来看，供水服务水平也相当好。最大的问题是供电的偶尔短缺，而在一些城镇则是漏水过多。

供水成本主要是能源成本。用泵抽水花费很大，如果通过电脑模型设计供水管网，可以节省能源成本。抽水运行过程可以被模拟，抽水量也可以基于持续的需求预测进行操作。

（13）提高节水技术

执笔：宋国君

第六章　交通规划

一、法律法规

中国有关交通运输规划方面的主要法律如下所述。

《中华人民共和国城市规划法》规定：城市综合性总体规划中将包括城市交通系统的内容，并明确规划实施部门与近期建设规划。城市详规包括更加具体的规划内容，诸如：所有建设项目以及设施工程方面的规划要求。

《中华人民共和国公路法》规定：应按照社会经济发展和国防建设的需要编制公路规划，公路规划应与城市建设规划和其他交通方式的规划相衔接。交通土地利用规划应与国土利用总体规划相一致。国道规划在与相关省区市协调的前提下由交通部负责编制并报国务院审批通过；省道规划在与相关地市地方政府协调的前提下由省交通厅负责编制并报省人民政府审批通过；县道规划在与县其他相关部门协调的前提下由县交通局负责编制并报上级政府审批；乡镇公路规划在县交通主管部门的帮助下由乡镇政府编制，并报县级政府审批。

《中华人民共和国铁路法》规定：铁道部负责全国铁路的规划、建设和经营。省政府可以在与铁道部协调下规划地方铁路。

中国有关交通运输规划方面的主要规章如下。

- 《城市道路交通规划设计规范》，建设部 1995 年发布，是管理城市道路交通规划的重要规章。该规章包括：总则；术语；城市公共交通；自行车交通；行人交通；城市货运交通；城市道路系统；城市道路交通设施，如停车场、加油站等。

- 《全国农村公路建设规划》，是于2004年由交通部发布的促进全国农村公路发展的指导性规划，每个省按照国家规划编制了本省的农村公路发展规划。
- 《城市公共汽电车交通管理办法》，由建设部于2005年颁布。
- 《城市出租汽车管理办法》，由建设部和公安部于1998年颁布。
- 《道路运输与客运站管理规定》，由交通部于2005年颁布。
- 《道路货物运输与货运站管理规定》，由交通部于2005年颁布。

在省市级层次上，也制定了许多有关交通运输的规章指导交通运输发展。

公路等级分为两种类型：按分级行政管理将公路分为四级，即国道、省道、县道和乡道；按交通部颁布的公路工程的技术标准（JTG 001－2003）将公路分为五级，即高速公路、一级公路、二级公路、三级公路和四级公路。

高速公路：专用于机动车通行，通常有双向4～8车道，道路宽度15～30米，并有路肩。高速公路的设计时速从60公里/小时（在山丘地区）到120公里/小时。高速公路一般能适应按各种汽车折合成小客车的远景设计年限。年平均昼夜交通量在25000辆以上。

一级公路：主要用于机动车通行，通常有双向4车道，道路宽度15米，并有路肩。一级公路的设计时速从60公里/小时（在山丘地区）到100公里/小时。一级公路一般能适应按各种汽车折合成小客车的远景设计年限。年平均昼夜交通量为15000～30000辆。

二级公路：双向2车道，道路宽度7～9米，仅有土路肩。二级公路的设计时速从40公里/小时（在山丘地区）到80公里/小时。二级公路一般能适应按各种汽车折合成中型货车的远景设计年限。年平均昼夜交通量为3000～7500辆。

三级公路：双向2车道，道路宽度6～7米，有土路肩。三级公路的设计时速从30公里/小时（在山丘地区）到60公里/小时。三级公路一般能适应按各种汽车折合成中型货车的远景设计年限。年平均昼夜交通量为1000～4000辆。

四级公路：双向 1 车道或 2 车道，道路宽度 3.5 米或 6 米，仅有土路肩。四级公路的设计时速从 20 公里/小时（在山丘地区）到 40 公里/小时。四级公路一般能适应按各种汽车折合成中型货车的远景设计年限。年平均昼夜交通量为：1500 辆以下（两车道）或 200 辆以下（单车道）。

四级以下公路或称等外公路：通常没有硬化路面，条件比较差，主要在农村地区。

在《城市道路交通规划设计规范》中，对城市道路基础设施与设备设计有详细的要求。在城市区域，不同城市因其地域范围、人口规模、地理特征、历史文化和目前经济发展状况等相关因素不同，街道的标准也不相同。通常情况下，在市区或镇区内，快速道路宽度通常在 40 米左右，主干道宽度在 40～60 米，次干道宽度在 30～40 米，支路宽度在 15～30 米，居民区的道路宽度 7～8 米，邻接街区间的道路一般在 3～4 米。城区街道的最大坡度为 8%，进出的分流道最大长度小于 200 米。在城区内，道路车道按机动车道、人行道和自行车道分设。一些城区道路会设置供残疾人通行的专用无障碍通道，通行轮椅的坡道不大于 2.5%。

1998 年，建设部与公安部联合发布了《停车场设计规则》和《停车场建设与管理暂行规定》，其中详细规定了城市不同功能区的停车场设计标准，例如要求居民区内按照每户 0.5 个车位配置机动车停车位和每户 1 个自行车停车位。

关于城市公共交通服务，根据《城市道路交通规划设计规范》的要求，城市居民公共汽车和电车的规划拥有量，人口在 100 万以上的大城市应每 800～1000 人一辆标准车，人口在 100 万以下的中、小城市应每 1200～1500 人一辆标准车。根据统计年鉴，截至 2003 年末，全国城市每千人平均拥有公共汽电车为 0.714 标台，其中成都市为 0.895 标台，温州市为 1.12 标台，郑州市为 1.13 标台，台州市为 0.34 标台，信阳市为 0.13 标台。在出租汽车服务方面，大城市每千人拥有出租汽车两辆以上，小城市每千人拥有出租汽车 0.5 辆以上。

二、运输规划体系

在《全国农村公路建设规划》中提出的全国农村公路发展的目标是：

到2010年，99.9%的行政村通公路，其中96%的行政村通油路。到2020年，所有行政村通公路，其中98%的行政村通油路。到2020年全国公路通车里程达到370万公里（按照原来的统计口径）。为了实现上述目标，将采取以下措施：中央与地方各级政府将高度重视农村公路的发展并明确各自的职责；中央政府每年将投入200亿元用于农村公路建设；各级地方政府将筹集更多的资金用于农村公路项目；继续实施“以工代赈”等优惠政策支持贫困地区农村公路的发展；通过向世界银行、亚洲开发银行等国际金融机构贷款用于农村公路的建设项目。

在城市总体规划中，每个城市或城镇都根据当地的需要和社会经济发展潜力确定了道路建设、公共交通服务、停车场等方面的发展目标，这些目标在不同的城市或城镇是不同的。提供城市交通基础设施是当地政府的职责。

目前，每个县都制定了或正在制订“十一五”交通发展规划，该规划由县交通主管部门委托有资质的规划设计机构或公司来编制。有些县由交通部门自己编制规划。城镇政府通常不编制专项交通规划，在县级交通规划中通常包括了乡镇交通规划的详细内容。在县级交通规划初稿完成后，县交通部门将征求发展和改革部门、建设局、环保局、土地管理局等部门的意见。交通局将在根据相关部门的意见修改完善规划文本，正式的规划文本将提交县政府已获审批。交通规划将由交通主管部门协商相关部门或镇政府组织实施。

县级交通规划一般包括以下内容。

- 规划背景及主要结论
- 社会经济发展状况
- 交通状况总体评价
- 社会经济发展趋势与运输需求分析
- 交通量分布及运输量预测
- 交通建设规划
- 交通综合评价
- 交通规划实施措施与政策建议

交通规划的实施包括许多工程项目，在规划中将提出所有项目的建设期限。项目实施的程序如下所述。

第一，如果项目使用中央、省或地方政府的资金，项目实施单位必须编制项目建议书并提交给相应的发展和改革部门审批。

第二，在发展和改革部门批准项目建议书后，项目实施单位将委托有资质的机构或公司编制项目可行性研究报告，该报告包括：项目背景、必要性、需求分析、项目范围及位置、投资估算、社会评价、环境评价、融资计划以及实施计划等内容。与项目建议书的申报程序一样，项目可行性研究报告也将呈送相应的发展和改革部门以获审批。

第三，在项目可行性研究报告获得批准后，将有符合资质的机构或公司编制工程设计书．工程设计书通常与项目可行性研究报告为一家。项目的工程设计必须符合相关的工程技术保准，并由交通部门审查。

第四，项目建设单位必须通过招投标程序，通常由交通局的招投标管理部门来组织，中标单位将与交通部门签订合同后实施项目建设。

在项目建设过程中，交通部门将委托有资质的工程监理公司或机构对工程质量、建筑材料和过程进行监理。项目竣工后，交通管理部门将与相关管理部门一起对项目的质量、造价、技术参数等进行严格审核。只有验收合格的工程项目才能交付使用。

公路养护按照不同的类型由相应的交通部门负责养护。国、省道分别由省、市公路局负责养护，一般成立专门的养护机构或公司实施养护工作。由中央政府批准的各省市按机动车征收的养路费是公路养护的专项资金。不过，许多公路养路费被用于公路建设和改造。县道和乡镇公路由县和乡镇地方政府负责养护，其资金来源主要是拖拉机养路费和上级交通部门拨付的部分养路费。城市或城镇道路由城市或城镇政府的建设部门负责维护，公路养路费部用于城市或镇区道路的养护和建设。

中国的交通项目的融资体制比较复杂，不同类型的交通项目的融资方式和渠道各不相同。一般由各级地方交通部门负责筹集交通建设项目的资金。主要融资渠道如下所述。

中央政府投资：中央政府会投资或拨付资金用于注入铁路、公路、港口、机场等交通项目建设。对公路建设项目而言，车辆购置税是国省道建设的主要资金来源。该项资金在国家发改委和财政部的审核与监督下由交通部负责支配使用。最近几年，部分国债资金用于交通项目，国债资金项目有国家发改委审批并主要用于农村公路项目。

地方政府资金：除中央政府资金外，公路养路费是地方政府对公路建设投入的主要资金来源。在相对富裕的省市，会从财政预算资金中支出部分资金用于交通项目。由地方政府征收的公路运输管理费主要用于公路客货运场站的建设。在城镇一级，目前土地出让费道路建设的主要资金来源。所有资金的使用都需要当地财政部门的监督。

公共投资：由于高速公路和一级公路（东部地区）、二级公路（中西部地区）允许收取通行费，因此，公共投资者对投资建设和经营这些公路非常感兴趣，特别是连接城市之间的高等级公路。在一些地区，城市道路或连接城区至郊区、干线公路至旅游区的道路也由企业或私人经营主体进行投资，这类投资通常与道路或公路沿线的房地产开发，物流中心、商贸娱乐设施以及旅游设施项目打捆来考虑。

金融机构借款：银行借款是交通建设项目的主要资金来源。收费公路大约70%的资金来自国内银行和国际金融组织的借款，其中包括世界银行和亚洲开发银行等。等级在二级以下的非收费公路、农村公路等很少按照项目使用银行借款，通常由当地政府作为信用担保者从当地银行或国际金融机构借款，并在未来的年份内以地方财政收入偿还债务本金与利息。

其他资金来源，如以工代赈专项资金等，也用于一些贫困地区的农村道路等基础设施建设，其方式是由中央或地方政府提供资金，当地居民提供劳动力投入后获得收入。在一些村镇，当地的企业和居民早期通过捐资修建道路，这种情况目前逐步减少。在实地调研中专家组了解到，每个城镇都根据当地的情况探索出不同的融资方式或渠道，普遍采取的方式是通过出卖土地获得资金用于镇区道路等基础设施建设。

三、管理

中国的交通活动分为两方面：交通运输（大交通）和城市交通。通常所指的交通运输是城区以外的客货运输活动；城市交通指城区范围内的交通活动。

中国目前尚没有一个统一的交通部门来管理所有的交通运输活动，目前是按照不同运输方式设立交通管理部门并从中央到地方层层下设。除少数城市外，城市交通由建设部及其在地方的纵向对应机构来管理，而不是由交通部门管理。在城镇或县级层次上，公路交道和城市交通是主要领域，在有些城市，铁路与水运也很重要。

建设部负责城市规划、城市交通基础设施建设与城市交通管理，诸如：城市道路、地铁、轻轨、城市公共交通服务等的规划与建设。城市、县城和城镇设有建设局来规划并实施城市交通发展。像公路、铁路、港口与水运、机场等交通基础设施是城市综合性总体规划的一部分，转向交通规划由交通部门按照总体规划的要求来编制。

交通部负责公路和水路运输管理，包括公路规划、公路建设与养护管理、指定公路运输政策规章及相关标准、对公路客货运场站进行行业管理等，水运方面包括相关水运政策规章及标准、港口码头建设与维护、船舶运营管理等。交通部的管理职责通过纵向下设的四级地方交通管理部门来实施。

铁道部负责全国铁路运输的经营与管理，包括铁路规划、投资、建设与维护、运输政策规章以及相关的标准等。铁道部也是一个独家垄断的国有铁路企业，其下设的 14 个铁路分局负责铁路客货运输经营活动。在浙江、河南、四川等省，当地政府修建了一些地方铁路或与铁道部合资修建了若干条合资铁路，但地方政府在铁路日常经营活动中很少介入。

其他部门如发展与改革委、土地管理、环保等部门也会介入到交通规划的制定与实施中。

四、调研发现

通过对相关县和城镇的现场调查，专家组获得以下发现。

①由于经济发展水平与区位条件的差异，被调查的城镇的交通发展状况存在较大差异，一些相对富裕的城镇的交通条件远好于那些欠发达的城镇，距离区域交通中心或邻近国省道或铁路线的城镇的交通条件要

好于相对偏远的城镇。这次多选取的城镇要么是所在县的中心镇，要么是经济发达的强镇，人口规模比较大，区位条件都比较好。

②所有被调查的小城镇都十分重视交通基础设施的发展，但对交通设施服务的重视程度相对较弱。当地的政府官员都强调要修多少路，还需要多少资金来投入交通建设项目，但很少谈论如何来提高运输服务的质量。许多城镇都将注意力放在主干道、宽马路的建设上，而忽视居民区道路的建设。

③一些城镇的交通管理较弱或落后，这在一定程度上源于不合理和僵化的管理制度。例如龙港镇，从人口规模、面积和 GDP 总量上实际上已经发展成为了一个城市，甚至在人口与经济规模上超过西部地区的地级市，然而目前仍是一个城镇的行政建制，没有交通管理部门，这导致许多交通管理方面的问题。

④城镇普遍缺少交通基础设施建设资金。由于乡镇一级政府没有独立的财政自主权，无论富裕的镇还是相对贫穷的镇，都需要向上级政府申请交通项目的建设资金。在现实中，几乎所有的城镇都不得不依靠出让土地使用权筹集资金用于交通等基础设施建设，资金来源很不稳定。这其中存在着风险，因为可出让的土地是有限的，也存在资金缺口，特别未来的风险较大。

⑤由于缺乏严格的管理，许多城镇建成区都存在交通违章违法行为。在大多数城镇，混合交通十分严重，机动车、摩托车、拖拉机、自行车、行人、三轮车以及行人拥挤在中心商业区。许多司机和行人习惯于违反交通规则，由于缺乏足够的交警现场交通控制，交通管理十分薄弱。混乱的交通秩序导致频繁的交通事故与严重的财产损失。

⑥农村/县交通规划与城区的交通规划存在脱节现象，交通基础设施缺乏整合。这是城市交通与城间交通在基础设施与服务方面分割所造成的。甚至存在相邻城镇由于隶属不同行政县市而难以整合交通基础设施与服务的状况。例如龙港镇与鳌江镇就是典型的例子，前者隶属苍南县，后者隶属平阳县。

⑦一些城镇的总体规划中的交通规划过度超前或超规模建设，而没有充分考虑土地可获得性和准确的运输需求，这不可避免地导致巨大的

投资，导致低下的投资效率。在一些城镇，总体规划与交通规划缺乏长远性的战略考虑，在实际的实施过程中被频繁变动或修改，一些修改不是按照正规的修编程序而是根据领导的意图。由于相关交通规划比较多并由不同层次和不同部门制定，一些规划之间存在冲突或矛盾之处。

⑧在乡镇一级，有关交通方面的信息与统计制度不健全，工作比较弱，这给规划和管理工作带来困难。在被调查的许多城镇，交通部门的官员不清楚全镇的机动车数量，也不清楚客货运输量状况。

五、关于交通规划的建议

（1）加强城市规划与交通规划的协调

土地利用与交通运输规划应紧密衔接与协调。较高层次的区域性交通规划将指导县市以及城镇的交通与城市规划，同时，区域性的交通网络布局在县市以及城镇层次上予以考虑。

交通运输规划将考虑城市规划以及其他各相关管理部门的要求。对交通规划的任何修订或改动都应当与城市规划进行协调，并按照正规的程序进行。

目前，许多地方的交通规划比较重视货物运输或物流方面的内容，未来旅客运输、公共交通等方面的规划内容和要求应该加强。

（2）加强城镇与农村交通运输管理的协调

有必要完善交通管理体系，以整合城市与乡村的交通运输规划、交通项目投融资、运输服务、交通管理等。同时，加强市县所辖相邻城镇之间的交通运输解决方案的合作与整合。

必须发展交通管理体系，将城市和农村/区域的交通规划项目融资、服务、管理等整合在一起。同时还须加强相邻城镇的交通连接和协调。各镇交通规划还需要包括农村的规划。村里的道路一般都没有好好维护，因为根本没有这样的维护费。地方需要有资金维护村村之间的道路。

（3）提高目前交通规划质量（交通量预测、人行/自行车道道路网络、停车场、道路交叉口、交通安全以及公共交通等）

（4）通过改善城镇交通管理增加现有城镇街道的承载量

（5）加强在街道上停车的管理

（6）编制城镇交通管理规划

（7）合理使用各种机动或非机动交通工具

（8）鼓励使用经济有效的交通工具

现有城镇街道的利用率相当低。尽管有时候交通出现堵塞，似乎超过了道路的承载量，但是我们还是很容易找到办法，不需要大的投资，做好交通管理规划，就能提高道路的承载力。交通堵塞常常是因为交叉路口管理不当，车子堵塞了路口，不能移动。改善交通管理的好办法包括：更好地划分车道，并画好道路线；在街道上加强对路口的管理，在转弯处开设道路，让道路线更清晰，进行交通分隔，设立醒目的交通标识和交通灯，能将现有交叉路的承载量提高10%～40%。老城区的中心区很窄，不能再扩宽，一种办法是实行单行线管理措施，另外一种办法是将机动车可以通行的部分街道改为步行街。有些中心城区的步行区宽阔一些，这样为行车道的拓宽，交通环境的改善提供了很好的机会。行车道的宽度可以再研究，有时候不需要再投资，只需多划出一条行车道来就可以解决问题。城市和大的城镇的城区里，这样的行车道可以只供公共汽车、出租车或者至少坐两人的小汽车等公共交通工具使用。

欧洲的小汽车大多私有，城市街道的停车位有限，停车问题很严峻。如果车停在街道的两边，那么城市的街道就少了两条行车道。欧洲的交通工具很多都是小汽车，这些小汽车总是想找到免费的停车位。而在中国，小汽车私有化程度低，汽车一般都不停在街上，而是停在其他特定的停车点或就停在室内。这使得街道上的自行车道比较宽敞。中国小城镇有很好的理由继续不把小汽车停在街道上。

专家组没有看到受访镇有什么好的交通管理规划。其实大一些的镇是需要这样的规划，比如龙港镇。只需要有好的交通管理规划和简单的交通管理解决办法，城镇不花什么钱就能改善现有的交通状况。

小城镇镇区的交通距离并不很长。这样就允许存在多种交通方式，包括步行、人力车、小面包、大汽车、货车和小汽车。有些地方的水路和铁路也发挥了很大的作用。在交通规划中，小城镇必须研究客运和货运的行为，目前是如何分配这样方式的，未来又怎样将它们最优化。耗费资金不多且有利于环境的可持续发展，这样的交通解决办法才值得推广。在许多小城镇投资修建宽宽的大马路可能是最没有效率的。大多数的镇预算资金有限，它们应该仔细研究将有限的投资发挥最大的效率。减少对新的道路的投资能解决耕地不足的问题。很多中国的小城镇决定将人行道和自行车道作为基本的客运方式，将卡车作为基本的货运方式，这样做能节约资金。把有限的资金投入到城镇的小汽车交通网络中很浪费，也不能满足居民的需要。有一些研究大城市的交通报告显示，在汽车堵车的时候，自行车是城市交通中最快的方式。

（9）在小城镇交通投资中考虑到流动人口

各级政府在分配地区交通资金的时候，一个重要的衡量标准是城镇的户籍人口。这并没有真实反映城镇交通的需要。特别是在东部沿海地区，流动人口已经成为城镇人口的一个重要组成部分，在有些地区甚至一直都是很大的一个部分。政府在分配交通资源的时候，将流动人口与户籍人口相对应，把流动人口包含到城镇人口中来。

（10）规划并建设停车场、人行道及无障碍通道

停车场、人行道以及残疾人专用无障碍通道在城市和小城镇交通规划及其实施中应给以充分的重视。虽然在一些城市交通规划中提出了相关的规划内容，但在规划实施过程中没有得到很好的贯彻。道路交叉口要画有明显的分类通行标线，但所调查的许多小城镇都没有很好地考虑这方面的问题。

在所调查的中国小城镇，停车场规划主要由城市规划人员进行规划。在居民区和商业区，停车场规划似乎是建筑项目设计时需要考虑的内容。停车场规划应该成为城市交通规划的主要议题。随着私人小汽车拥有量的快速增加，未来中国小城镇的车辆停放将是一个严重的问题，由于自行车通行问题仍需考虑，在城镇的许多街道上不可能依靠街边停车解决停车问题。

（11）完善客货运输服务

有必要建立公平的运输市场体系以实现合理竞争。应当鼓励私人资本进入客运服务市场。就货物运输而言，应将众多小型的经营者或公司整合成为较大的公司和物流供应商，以提高货物运输效率。

（12）加强对合理交通行为的宣传信息

（13）加强对交通违法违章行为的整治力度

必须加强交通安全、交通规则等公共信息的宣传力度，并强化对驾驶员的培训。公共媒体、电视、电台、报纸以及学校在交通信息宣传与教育方面将发挥重要作用。

对违章交通行为与活动，诸如机动车驾驶员和行人违反信号灯、不听从交通指挥灯违章行为等，需要进行严格控制与整治。

（14）开拓新的交通投资资金来源

（15）申请国际金融机构支持小城镇交通项目

目前的交通融资体制需要改革。基于城镇的融资体制应该保证交通发展有稳定可靠的资金来源。中央、省、地市以及县和小城镇各级政府应明确其在交通项目的投入和政策支持方面的职责。让小城镇政府依靠出让土地使用权获得的资金用于交通基础设施建设的办法不是一个长期的可持续解决之策。一个可能的投资来源是由中央政府、省级政府甚至地市政府担保向世界银行、亚洲开发银行等国际金融机构贷款。目前在所试点的城镇中大多数项目融资，至少80%是来自国内资金渠道。在对外部借款意向的调查中，每个所涉及的小城镇都表示希望得到资金方面的支持，用于公路或道路、客运站、货运站和物流中心等交通项目的建设或改造。一些小城镇提出了旨在提高其交通管理和技术水平以及运输服务质量方面的交通项目。专家组建议，由较高层次的交通主管部门对所调查地区的小城镇进行协调，列出合适的交通项目，并提交给国际金融机构。

执笔：吴文化

第七章　跨部门规划评估

一、经济社会发展预测现实性与不确定性管理

案例镇及其所在县的经济社会发展五年规划、城市总体规划和土地利用规划都包含了经济社会发展的预测数据。在交通规划中也有一些社会经济方面的数据。

这些预测一般包括小城镇及其所在县未来 5 ~ 10 年或 20 年城市和农村人口、城市化率和国内生产总值的预测。在五年规划中，国内生产总值增长率通常分为第一、第二、第三产业计算。而大部分五年规划的经济指标是指宏观经济，如工农业生产价值、财政收入、出口、投资、人均收入等，一般不包括对就业的预测。

一个县通常管辖若干乡镇，那么这些乡镇的人口数据有时单独预测，不过一般只对该县及其主要镇的人口进行预测。小城镇一级的规划文本中一般不涉及其下属各村的数据。因此，在规划文本中很难看出人口预测的方法。

地方在做规划的时候几乎经常使用相同的人口预测数据，但是这些是前一次土地利用规划前几年的数据，所以编制新的五年规划或修编总体规划用的是与老的土地利用规划不同的人口预测数据。总体规划和五年规划通常运用相同的人口预测数据，但是五年规划需要未来五年的人口预测数据，而总体规划需要未来 15 ~ 20 年的数据。二者的作用不同，对人口预测要求的年限也不同。

对人口预测方法的准确性有以下几点质疑。在小城镇建成区居住的一些居民，他们仍持有农村户口，身份仍是农民。一部分在小城镇的外来人口没有在当地注册。因此，小城镇及其建成区的人口预测可以有几种理解。现有人口的预测，有的规划文本中有说明，有的没有。小城镇建城区人口仅仅包括主要城镇居民点的人口，还是指所有城区的人口呢？包括住在建城区持有农村户口的人口和外来人口吗？这些问题通常在规划文本中表述不清。在一些地方的规划中，规划区内现有人口的数据可能离准确数据相差5% ~30%。沿海地区外来人口多，因此这个问题更为严重。

对未来10 ~20年城市发展和人口变化的预测不可能做到准确。从全球来看，地方政府习惯于乐观地看待城市的发展速度，通常用高于现实的数字。中国也不例外。2005年，中国仍有58.8%的人口仍为农业户口，但是有大量的农村人口涌向小城镇和城市。相对于原先的人口预测数据，用新数据统计出来的发展速度自然更快。国内生产总值也是如此。

中国小城镇规划中的人口预测基本上准确，可能早几年，可能晚几年。人口预测数据的不准确对长期土地利用的影响相对较小，但是对供水、污水处理和供电量计算的影响可能相对较大。

总的来说，小城镇规划和县级规划者一般都没有运用细化的城区和村庄的人口分布数据。这个问题比人口预测数据偏小更严重，因为地下管网铺设需要以人口分布数据为基础。不准确的数据会导致项目规模错误和成本过高等问题。

专家组看到一些新建的住宅区里所有的公寓都没有投入使用。当地管理部门的同志解释说这并非是过高的住房建设目标造成的。一些公寓没有马上投入使用在房地产市场上是一种正常现象。但是专家组认为，部分住宅闲置是因为建设标准和价格过高。

地方的规划通常不包含就业预测。这可能导致对工业和商业及其基础设施需求量估计不准确。

由于没有准确的建成区人口分布数据、就业预测数据和汽车保有量数据，案例镇在交通规划中没有交通预测。

国内生产总值增长率在基层的社会经济发展预测中似乎是最重要的。

五年规划中的这些预测在总体规划和土地利用规划中被反复提到，但是它们对建设用地和土地利用量的影响却始终没有涉及。国内生产总值增长率的确重要，它确实影响到经济规划的方方面面。

尽管案例镇在规划中存在上述准确性不足的问题，但它们的基础设施和交通总体来说都运营良好。但如果采用更精确的预测和规划，这几个案例镇基础设施的成本将有可能降低5% ~10%。然而随着中国小城镇在今后几年的持续增长，项目规模过大的问题将逐渐得到平衡。本项目调研中并未发现先前规划有严重的错误预测。

另一个不确定性是关于行政管辖区域的稳定性。规模小的小城镇可能在将来被合并到规模大的小城镇或者城市中。浙江省的龙港镇和鳌江镇合并的要求就比较迫切。陈淋子的情况也与此类似。迟迟未做出决定及未来行政边界的不确定性给某些小城镇的日常行政管理造成了不便。规划者需要清楚地知道规划所服务的对象和地域。

是否能实现国内生产总值的高速增长（所有地方规划中都有涉及）也存在不确定性。中国的国内生产总值在未来的几年里有可能仍保持世上少有的高速增长势头，然而油价的涨落、贸易限制可能已经影响到未来的发展速度。如果农村户口的持有者们在小城镇能得到城镇户口，能真正成为城镇居民，真正享受城镇居民待遇，那么公共服务的需求将大大增加。

二、协调与整合不同类型的规划

协调与整合不同类型的规划在全球仍是一个挑战，对每一个国家及其地方政府来说都是如此。

中国在县和小城镇协调与整合不同类型规划的做法如下：

- 经济社会发展五年规划与其他规划的比较
- 在不同规划中采用相同的人口预测数据
- 在不同的规划中使用相同的背景资料
- 在地方组织跨部门的规划专家会议，由不同部门来审查规划草案并达成共识
- 在规划中聘请不同领域的规划专家

- 邀请不同行政部门的官员给规划草案提意见
- 不同行政部门之间交流规划文本、研究报告及交换意见
- 规划草案由地方人民代表大会或上级行政部门审批通过

以上是常见的做法。项目组总的印象是中国地方的规划间的协调与欧洲的不相上下。在中国，不同的小城镇各项规划间的协调程度也有所不同。

然而，中国和欧洲的小城镇在规划协调方面有一个主要的差异。在中国，小城镇在发展和规划协调方面自主权相对不足。重要的决策由其所在县来做，部分由更高的行政部门来做。很多规划虽然由地方做协调，但在实施中又缺乏切实可行的措施。地方规划通过各级行政部门来满足国家的需求。这是中国面临的一个困难，并且很难解决。在项目发展的优先序和融资方面都需要加强协调。像在其他国家一样，部门负责人总认为他们的部门是最重要的。五年经济社会发展规划编制体系和地方发改委在协调上都起着重要的作用。地方行政部门对上级在当地项目投资的财政决策及项目优先序表示不解，但是因为小城镇缺乏预算自主权，这个问题在短期内得不到解决。小城镇及其所在县虽然列出当地项目投资的优先序，但是常常得不到上级行政部门的完全赞同。

总体规划没有明确的实施计划，也没有关于实施成本的数据，因此总体规划的实施很难与五年规划和预算协调。

要提升地方规划水平，完善发展机制。在地方层面的规划及规划管理中，需要加强地方现实需求与投资的协调性。当然，实现真正的协调还要求各类规划都对其规划实施的成本进行更为精确的估算，提高规划的精确度。

三、土地利用和基础设施建设的布局与标准

前面的城市规划部分已经讨论了土地使用布局与标准。中国城市规划的方法和水平都比较高，而且各方面都有相关的配套标准。但是，总体规划的精度不是很高。总体规划只根据人口规模的预测和住宅用地与居民的平均密度来决定，没有考虑公寓的需求，也没有考虑不同类型住宅方案的密度。不过，在城市详规中，这些因素考虑得很全面；工业区

只简单地依照工业用地或人口的标准来布局，并没有考虑不同产业、行业对从业人员需求量的不同。对于商业区和公共设施建筑区的需求只进行了粗略的计算，没有适当的标准。五年计划和城市规划对发展公共服务的规划都非常笼统。关于土地使用标准也有待于进一步研究。

另外一个需要重点关注的问题是既有建筑。现行规划对已有建筑物和已有建筑环境的分析太少，特别是在为已经建成的城区编制详细规划时，规划人员对已有建筑物的考虑和分析不足。

目前，建设用地和耕地的土地使用配额由上级土地使用管理部门来决定，镇级和县级土地管理部门很难根据当地实际需求争取用地指标。

在已经生效的城市规划中，停车的问题没有充分考虑。随着中国机动车数量的增加，需要讨论修改中国城镇的停车设施标准及规划问题。现行规划中，街道尺度的决定未能以交通流量如何科学预测为基础，仅仅根据当地的道路分类进行规划。因此，有些小城镇的主要街道过宽，导致了暂时性的浪费。

供水的规划和设计基本上是严格按照标准执行的。但是规划人员和设计人员只把这些标准当成一种指导性原则，他们根据实地情况，采用了更多切合实际的方法。人均用水量的标准在不同地区和不同城市住宅区有很大的差别。不过，用计算机化联网管理的方式还没有用于供水的规划和监测。水处理有统一的标准，有些地方水处理有投资过度的倾向。材料的技术标准起点很高，主要参照国际标准化（ISO）体系的要求。还有一个关键的问题。目前的人口分布和人口规模的预测不一定都很准确，这就会影响网络模型的效果。网络模型对推动经济发展也有辅助作用，特别是当增加新的大型服务区时。

污水的处理不如其他服务。老城区依靠公共卫生间和室内带有深坑的厕所，农民把污水收集起来用于灌溉农田。住宅楼都有化粪池，大家都认为这样的设计很合理。新城区都规划了公共下水道，一般会与楼房的建筑施工同时完成。在所有的新城区，都将独立的下水道作为标准。建筑材料和建筑施工的标准都很高，但是忽略了下水道出入孔（砖结构）和出入孔与管道之间的连接部分。污水处理厂的设计也严格地依据相关标准，但是污水处理的过程却没那么标准，而且面积较大的新城区除了化粪池之外，没有采用其他处理方法。对化粪池污水（以及现有废水处理厂）的管理没有进行规划，威胁着环境的发展。

对固体废弃物管理的规划主要针对城市地区的清扫，没太考虑废物的处理和最终的安置。在研究的城镇对象中，有两个镇把废物送到焚烧厂，其他镇有废料堆。目前，垃圾掩埋的标准很高，而且成本也很高。想让每个镇今后都有一座适当规模的垃圾掩埋厂，似乎不太现实。那么，制定一套适当的垃圾掩埋标准就迫在眉睫，以便充分合理地保护环境。

四、合理划分发展阶段

经济与社会发展五年计划的规划期为五年。大多数计划都包括具体的投资项目清单，清单中按先后次序列出了地方的投资发展项目，以及时间表和成本估算。由于这些计划项目的融资还没有明确，所以这些项目最终的实施要看上级管理部门的决定。

总体规划大多把城市的未来发展分成至少两个实施阶段，有的分成三个实施阶段，未来 5 年为短期发展规划，未来 10 年为中期发展规划，未来 15 ~ 20 年为长期发展规划。研究的土地使用计划中，有半数的计划也将实施分成两个阶段。

另外，有些研究认为，规划的工业区的面积过大，甚至认为现有工业区的面积也过大。不过，本项目组所考察市镇的工业区似乎得到了充分的利用，没有浪费。

专家组认为，中国小城镇的发展计划在实施阶段的划分上基本合理。

至于实际建设究竟多大程度上能与计划相符，调研的情况不很乐观。比如几个计划中的基础设施投资项目都被推迟了；已规划的几个城区更新改造项目未能如期实施，因为项目区有几户居民不同意被拆迁。当然，有些城市重建项目，规划本身就不具有现实可行性。所以，合理地划分发展阶段是非常重要的。

五、整合并有效利用既有的镇区

从调研案例镇情况看，小城镇总体规划对建成区没有足够的数据和分析。陈淋子镇和龙浯镇的详细规划中，也很少对已有建筑物、服务设施和环境进行分析。那些正在进行的城市更新改造计划显得过于夸张、实施的成本过高。而且，毁掉大多数现有建筑物的计划也不太现实。中牟县城关镇和柳城街道缺少对中心城区的详细规划。大溪镇的镇区刚刚建成，扩大这个镇区应该没有问题。

对既有建成区的城市规划需要引入新模式、新方法，特别要尊重现有建筑的价值。

六、适应并促进市场的力量

中国地方政府在适应和促进市场力量方面是开放的。在研究五年计划中，本报告已经讨论过促进地方经济发展和就业，以及地方政府与企业和当地组织的关系。中国小城镇运用市场力量促进发展核能的实践主要包括以下几种。

（一）通过经济社会发展五年计划和城市规划及实施，促进地方经济的发展

所有小城镇都把地方生产总值的增长和促进市场力量和经济发展当作头等大事来抓。在项目案例小城镇考察时，许多小城镇都说他们那里已经没有国有企业了，但是他们有好几百家其他经济成分的企业，这些企业在促进小城镇经济发展中起到了重要的作用；小城镇政府都尽力支持这些企业的发展；同时小城镇政府也非常欢迎新的投资商；许多小城镇都规划有商业区和工业区，有的地方还发展了工业村。但是，许多小城镇都反映，建设用地指标的短缺或多或少地限制了商业和工业的发展，导致一些经济投资项目的流产。

在许多小城镇，当地政府都欢迎房地产开发商和村集体企业在政府的监管下参与城镇建设规划工作。如陈淋子镇的一些企业家就参与了当地正在进行的总体规划；温江区政府自己也鼓励开发商积极参与城市建设规划。专家组认为总体规划和控制型详细规划应该由地方政府掌握。市场力量可以参与项目融资，但是不应当引导公共规划，因为公共设施关系到对现有居民和未来居民利益的保证。

（二）通过公开招标，利用企业和地方单位提供地方公共服务

中国的小城镇普遍实行地方政府项目的公开招标和竞标活动。服务性建筑、道路或者管道的建设，都通过向企业招标来签订承包合同。竞标后，政府会将道路的维护、固废的运输、或者污水处理厂的管理承包给某个企业。通过公开招标后，地方政府作为客户在利用企业的过程中，必须清楚所要达到的目的和效果，必须清楚政府自身可以妥善地安排采购和承包程序，并清楚政府自身有能力监督那些服务提供商。项目所调研的小城镇和县在这方面的能力参差不齐。

许多基础设施项目现在都以不同形式的公私合作方式实施。废物焚烧厂和供水系统是通过 BOT（建设、运营、转让）合同实施的，还有一个废物焚烧厂和废水处理厂是利用政府资金和私有资金共同建立的，并已经交给私有性质的合作伙伴进行运作。BOT 和其他形式的公私合作往往不那么透明，合同一般都是商定的，而没有经过公开招标。在中国，公私合作的形式越来越普遍，许多城镇的政府都觉得基础设施项目的融资方法很简单。现在特别需要为公私合作机制引入更加透明的、更具有竞争性的招投标承包方式。

（三）企业和其他地方组织提供地方性服务

电力、电信和公共交通都由企业来安排和规划。供水和固废处理有多种形式，但这些服务的整体责任都在地方政府身上。地方的医院和学校也都扩大了利用私有资本的范围。大约一半的地方学校是完全由政府拨款的，其他一半有半私人性质的，也有完全私立的学校。一些小城镇还通过出售公立学校和镇区道路的冠名权来筹集基础设施建设资金。

地方政府或国家可以拥有提供地方性服务的企业。供水的管理需要商业运作和效率。国外的许多经验表明，由地方政府的代表和市民共同管理和控制一个地方政府拥有的企业，可以达到最佳的效果。地方政府的企业需要公开许多方面的信息，包括预算、费用、税务、服务以及常规的独立审计。

（四）利用市场为本地公共服务融资

在考察过的几个镇和县中，本地社区、居民委员会、村集体在提供

地方公共服务方面都发挥了重要的作用。他们设法动员在本地注册的企业资助社区公共服务的提供，如为社区活动中心捐赠体育器材、美化社区环境。

以上实例可以说明，中国的小城镇在适应市场、利用市场促进地方发展中采取的是积极开放的态度，而且已进行了持续不断的探索，取得了一定的成效。应该继续探索利用市场力量的新方式。

七、关于未来发展项目建议

为了加强中国小城镇发展规划的制定和实施，专家组提出初步建议，但是谁来资助并实施这些项目还有待进一步讨论。中央部门负责启动改进规划及规划实施的体系。世界银行、亚洲开发银行、欧盟及其他的基金会和中国的各种组织可能成为项目的资助方。

准备地方经济社会发展战略规划指导手册，培训国家和省级经济社会发展规划的有关工作人员。

在中国，有 2 万多个地方政府在编制经济社会发展五年规划，却没有合适的规划指导手册和编制标准。目前虽然有国家发展和改革委员会发布的规划建议，但是还远远不能满足规划编制的要求。可以增加本项目报告中提到的建议和战略规划方法。一本好的指导手册能大大提高规划的有效性和规划质量。需要对国家和省级规划人员实施培训者的培训。培训可以由国家发改委牵头。

针对地方预算体系标准化，加强地方审计和城镇发展税费分析，设立资助项目。

当前各级政府的预算体系和预算分类不完全满足地方发展的需要。财政审计也没有完全安排好。改善预算体系和审计将大大提高地方政府资金使用的有效性。与小城镇发展有关的税费需要进一步研究。此类项目可以由财政部牵头。

尽管各省都有经济社会发展五年规划，也有省域城镇体系规划，但缺乏现代区域规划和开发计划。区域规划和区域发展在中国的法律中并没有清晰界定。2006 年 3 月 "十一五" 经济社会发展规划通过，规划的目标包括减少区域发展不平衡、推动区域发展尤其是西部地区的发展，建立社会主义新农村。中国急需推动区域规划和区域发展体系的现代化。该项目可以由国家发展改革委牵头。事实上，在区域发展问题上，欧盟和国家发展改革委已达成一致意见。

分析村庄发展规划体系，加强对村庄拆迁安置成本收益分析。

中国有320万个村庄，其中有64万个行政村。2006年3月通过的国家“十一五”经济社会发展规划强调要建立社会主义新农村、提高农民生活水平。但是，目前村庄规划薄弱，法律法规也很少，急需对村庄规划的方法和实践活动进行研究、分析和进一步开发。现存村庄可能会受到拆迁问题的困扰。此项目可以由建设部牵头。

分析即将颁布的物权法的影响，改进与城镇发展有关的法律法规和实践。

2005年，全国人大提出了物权法草案。该法律可能在近期颁布，物权法将对城镇发展的法律法规和实践产生重大影响，中国急需对这样的影响和需求进行分析。此类项目可以由建设部和国土资源部牵头。

资助研究对区域环境污染源的识别、分析和投资。在各级管理部门开发流域综合管理方法。

通过对区域环境污染源的识别、分析和投资，有效推动区域环境保护。如果把区域环境保护放在流域整治发展规划中，就可能有效实施。该项目可以由省环保局牵头。

研究现有污水处理厂运行不佳的原因，并进行改善。研究化粪池对污水处理程序的影响。研究工业污水处理运行不佳的原因并进行改善。

中国需要大量投资污水处理。很遗憾现在很多污水处理厂工作并没有有效工作。在向污水处理厂增加投资之前，我们要搞清楚为什么现有的几个污水处理厂不能有效运行。此类项目可以由各省环保局牵头。

执笔：邱爱军　吕红医　宋国君

第八章　对案例县、镇的建议

项目专家组先后前往河南、浙江和四川下辖的5个县的5个小城镇及一个区的一个街道办事处调研考察。在每个访问的部门都访问了超过10位地方专家，并且研究了规划文件，对许多规划文件进行了复制，拍照，针对规划的实施开展了讨论，并且进行了实地考察。本项目旨在通过案例分析对中国小城镇及区域规划给出评价，没有足够的时间对每个地方政府部门所做的规划进行详细的分析及给出具体的建议。但是，项目组专家仍然希望为全力配合调研的城镇提供一点帮助，为此，针对案例县、镇提出如下建议。以下建议只是项目组专家从专业角度提出的初步意见，供地方讨论，没有经过充分的分析。

一、河南省

（一）郑州市中牟县城关镇

这个县作为郑州市的一部分，拥有有效的政府管理，进步很快，该县规划在一个高水平上。该县的土地管理是进步的，城关镇的城市环境已经在一个高标准上，它的经济发展未来前景很好。该镇拥有优越的区域性位置，城关镇的角色由于这个县的强势角色而显得有些弱化。我们的建议如下。

● 将城关镇及其周边的三个镇合并，作为中牟县未来的中心城区。协调新镇和老城关镇的城市发展是一个重要任务，合并后，中牟县中心

城区的辐射力将得到有效加强，基础设施投资责任在合并后的镇变得比较清晰，县政府在协调全县城镇发展的责任可以基本维持现状

- 促进城市农民工向城市居民转变
- 建议修订该县城镇体系规划。现有的规划比较宏观，应为这个县内所有镇的发展和人口预测，选择中心村和保护其他村庄提出指导
- 该县和县中心的五年规划的战略方法需要加强
- 加强外来人员和农民工的职业培训
- 制定覆盖城关镇的控制性规划，分析和尊重现有的建筑
- 促进参与式的规划方法
- 制定现有详细规划的索引图，为所有镇提供城区的基础图和详细规划报告
- 详细地计划和设计新镇规划实施的各个阶段，预算成本费用
- 研究建设一条无车辆通行的中央步行购物街的可能性
- 避免超规模建设宽大的城区道路
- 加强自行车道与停车场规划
- 地下水为主要供水资源。蓄水层水质应该有效地进行监测以便探测出可能的污染。对采水应进行监控以防过度使用。地下水储备应该作为宝贵的财富而不应该被浪费。在地图上标出地下水资源分布点，划定当前利用的储备水以及未来计划使用的地下水资源保护区
- 重新考虑镇一级政府负责环境保护的官员的职责，因为他的主要任务是保持这个镇的清洁，而他不可能独立地执行环境控制任务

（二）河南省信阳市固始县

固始县地远离河南省省会郑州，地处河南省偏远的农村地区。由于固始县农村发展落后，外出打工现象非常普遍。不过，固始县的农村地区幅员辽阔，拥有丰富的资源，未来的经济发展潜力巨大。另外，虽然固始县是贫困县，但固始县的规划很不错，而且固始县的政府管理效率也很高。我们的建议如下。

- 制定促进全县经济发展的规划。一个具体的必要的努力是促进小镇和村庄经济的发展和改进村庄的公共服务。保证每个镇的基本收入，在财政上和专业上帮助薄弱的政府部门

- 促进商业和职业教育
- 修订县域城镇体系规划。现有的规划比较宏观，建议为固始县所属各镇的发展和人口预测、选择中心村、保护村庄以及全县交通网络提出指导，修订县域城镇体系规划。使用适当的地形图，开展镇级村落系统规划，明确村的发展方向
- 合并几个最小的乡镇。一种可能性是将陈淋子镇、黎集镇和祖师庙乡合并成为一个较大的建制镇，把“改革和发展示范区”的职责转移到这个合并后的建制镇。加大示范区政府的管理职能
- 为固始县所有的镇的土地和环境管理机构提供适当的财政和专业资源保障
- 对弱小镇的城区规划和环境保护方面提供建议
- 促进对现有的比例 1∶50000 和 1∶10000 地形学基础地图的利用。促进全县所属镇的城区详规图的使用。促进城区土地登记图的准备工作
- 依据陈淋子镇示范村的经验，尝试在农村地区扩大和促进沼气的生产和利用，发展沼气的下游产业（例如利用沼气的灌溉泵和发电机）
- 研究利用家禽粪便堆制肥料，以及和其他废弃物的混合堆肥的可能性，研究生产沼气的可能性

（三）信阳市固始县陈淋子镇

这个镇拥有较大的发展潜力，只是还未被适当开发利用。近期成立的包含陈淋子镇在内的“改革和发展示范区”就是为了强化它的发展资源。目前，“示范区”还在组建过程中，因而在削弱陈淋子镇自身的资源同时，示范区尚未充分发挥其能力。示范区还为制定其发展规划，并且其人员及办公设施的配备仍在筹备中。我们的建议如下。

- 为示范区和镇一级的土地和环境管理所提供适当的财政和专业资源保证，在示范区和这个镇之间，阐明各自的责任，组织好城市、土地和环境管理部门的档案
- 对把陈淋子镇、黎集镇和祖师庙乡合并成为一个建制镇开展研究
- 利用廉价劳动力和土地吸引投资
- 继续使用利用私人资金发展当地商业街地区基础设施的模式
- 将总体规划修编的领导权利转移到示范区政府。制定包括合并后

的建制镇镇区及村庄体系规划。明确发展哪些村庄、哪些村庄为中心村、哪些村庄是需要保护的

- 利用现有比例 1∶50000 和 1∶10000 的地形学基础地图
- 准备一张比例为 1∶1000 的详细地形学地图，包括该镇的主要镇区及其在短期内明确的成长区域
- 准备一张比例为 1∶1000 的详细的土地登记地图，覆盖镇区及短期发展区
- 修订该镇新行政中心区的详细规划，现有规划不具有现实可操作性，而且没有尊重现有建筑和环境
- 聘请一名有资质的城市规划师和一名示范区管理方面的土地专家
- 明确如何建设工业村。在投资前应申请将农田变为建设用地，并且将村庄的集体建设用地转变为国有建设用地以发展工业的许可，并研究后续工业区发展阶段如何实现。目前详规中的一期工业用地是在现行总体规划区域之外的
- 加强职业教育
- 在经济发展和提供基础设施和服务上继续和与其相邻的安徽叶集镇进行经常性合作
- 加强环境管理能力建设。目前，只有一个工作人员，没有接受过任何培训，与县环境保护局也没有联系。他一人还承担其他许多责任，经常与环境保护相矛盾
- 计算交通投资的成本，对其融资进行规划

二、四川省

成都市温江区和柳城街道

这个区非常先进，是成都大都市的一部分。这个区的管理是有效的，其规划的水平较高。温江区城区环境已经达到非常高的标准。在这个以新区为主的地区内的建筑和景观水平在所有访问的地区中是最高的。这个区的未来经济发展前景非常看好。温江区柳城街道地处成都大都市区域，完全不能代表四川省典型的小镇、弱镇。柳城街道不久前还是一个

镇，现在已经从镇转变成为温江区的派出机构。我们的建议如下。

- 分析外来农民工的角色，研究如何赋予农民工与本地城镇人口相同的社会地位
- 从四川的其他工业村吸引投资者
- 为柳城街道的老城区制定一个控制性详细规划，在尊重既有建筑环境的基础上将现有建筑分类
- 推广宣传柳城镇在公众参与规划制定方面取得的经验
- 研究建设一个无车辆通行的中心步行购物街的可能性
- 将具体村庄的保护明确写入土地利用规划中
- 认真研究私营污水处理厂的运营状况
- 限制对河堤的使用，当前的活动对地下水储备将构成威胁，河岸被用做垃圾堆放地，同时有几家工厂和仓库可能会污染地表和地下水。与水资源局和其他相关部门开展合作

三、浙江省

（一）台州市温岭市

温岭市是浙江省沿海快速城镇化发展地区的一部分。该市所属各镇彼此相邻很近，很快将会成为一个连接的市区。温岭市在政府管理和规划方面有很多好的经验。我们的建议如下。

- 增加对外来务工人员的地位分析，逐步将他们转变成为本地城镇人口
- 将城镇人口预测包括在的城区总体规划和城镇体系规划中
- 详细研究总体规划的实施阶段，并做出投资预算
- 制定小城镇村庄系统规划，确定乡村的发展方向，明确村庄保护目录，计算乡村规划实施成本及收益
- 在各镇之间建立决定建设用地指标分配的参与式方法
- 加快数字化土地登记工作
- 在城区不修建不必要的大型道路
- 确保城市、县和大溪镇的发展规划是相互协调的，当制定下位规

划时，应对其上位规划有所了解，例如污水处理及利用规划。在县级规划中，大溪镇的污水将被送到在沿海的污水处理厂，因为大溪镇的人口规模及经济规模较大，更为现实的规划是大溪镇可以建设自己的污水处理厂

（二）台州市温岭市大溪镇

大溪镇是浙江省沿海快速城市化发展地区的一部分。它的管理和规划处于较高水平上。它快速变化的城市发展在工业为经济主导的情况下取得了较高的建筑和环境质量。大溪是中国水泵之乡。大溪镇的城市规划和土地管理均较为有效。大溪镇发展速度非常快，而且其发展潜力仍较大。我们的建议如下。

- 努力尝试促进大溪镇的产业多元化
- 分析外来农民工的情况，逐步使他们转变为本地城镇人口
- 加强产业工人的工作安全和健康，保护他们的耳朵免受金属产业噪音的损害和金属加工设备对他们的双手的损害
- 为该镇制定一个 10 ~ 15 年的经济发展战略和促进泵产业以及旅游业的发展规划
- 加强外来务工人员的职业教育，利用包括本地高中在内的教育设施为外来农民工提供培训
- 增强部门规划预算，与规划中的发展项目相互协调
- 制定镇域村庄系统规划，明确乡村发展路线图及成本收益分析
- 为规划中的建成区制订控制性规划
- 推进参与式规划方法
- 分析为什么部分详细性规划没能够得到实施
- 建造一条无车辆通行的中心步行购物街
- 避免超规模建设宽大城区道路
- 研究将已处理的污水用于灌溉的可能性
- 研究铸铁生产对空气和土壤的污染以及缓解的可能性
- 研究从鞋业回收皮革废物再利用的潜力

（三）温州市

- 将龙港和鳌江合并成为一个县级市，包括新城市邻近的小镇

- 完成鳌江流域协调开发规划

（四）温州市苍南县

苍南县是浙江省沿海快速城市化发展地区的一部分。该县的各城镇彼此紧密相邻，它的管理和规划处于较高水平上。我们的建议如下。

- 加强对外来农民工的分析，逐步将他们转变为本地城镇人口
- 制定县域城镇体系规划，明确乡村发展方向，既考虑对现有村庄的保护，又要估算乡村规划实施成本及收益
- 在各镇之间的建设用地指标的分配采用参与式方法
- 促进数字化土地登记地图的准备
- 对龙港基础设施提供财政支持，尤其是对现有工业区的道路方面的支持
- 监测工厂排放的废气

（五）温州市苍县龙港镇

龙港镇是浙江省沿海快速城市化发展地区的一部分。它的管理和规划处于较高水平上。龙港镇由该区域的农民组建而成，是中国的第一个农民镇。该镇印刷业高度发达，是全国最大的礼品生产和批发集散地之一。龙港镇发展速度快、发展潜力大。我们的建议如下。

- 促进将龙港和鳌江合并成为一个县级市，包括新城市附近的其他小镇
- 分析外来临时务工人员的现状。逐步赋予其与本地城镇居民同等的社会地位口
- 与私立培训机构合作，加强对外来人员的职业教育
- 为规划中的建成区制定控制性详细规划
- 分析为什么有的详细规划没有被实施，制作一张详细性规划索引图
- 提高这个镇建筑物的建筑质量，分析在城市规划中比较好的现有建筑，避免对现有建筑的不必要的毁坏，进行规划成本计算，制定城市美化计划
- 建造一条无车辆通行的中心步行购物街
- 促进参与式规划方法的应用

• 制定镇域村庄系统规划，明确乡村的发展方向，确定村庄保护名录，估算乡村规划实施成本及收益

• 提高工业用地价格以支付基础设施费用。推动企业和城镇政府的合作，完成对现有工业区道路的建设

• 在扩大整个城镇新区之前完善现有城区建设

• 制作城镇所属乡村边界区划图

• 加快准备数字化土地登记地图

• 为满足工业发展的需求加速市政基础设施，在工业投资到位时，完成街道、供水、下水和污水处理厂的建设

• 与县里协商合作寻求在新镇区街道建设资金来源方面的办法

• 加强城市交通管理，组建一个交通管理局

• 充实交警队伍

• 改善客货运场站条件

• 不要拓宽建成区的现有街道

• 与鳌江镇协调内河泊位的发展

• 计算交通投资的成本，对其融资进行规划

（六）温州市平阳县鳌江镇

鳌江镇是浙江省沿海快速城市化发展地区的一部分。它的管理和规划处于较高水平上。它拥有多样化工业经济和一个港口。鳌江镇发展速度很快、发展潜力很大。我们的建议如下。

• 将龙港和鳌江合并成为一个县级市，包括新城市邻近的小镇

• 分析外来务工人员的现状，提高其社会地位

• 为规划中的建成区制定控制性详细规划

• 保护河流附近的、有价值的、密度较高的老镇区

• 分析为什么有的详细规划没有被实施

• 分析在城市规划中比较好的现有建筑，避免对现有建筑的不必要的毁坏，进行规划实施成本计算，制定城市美化计划

• 建造一条无车辆通行的中心步行购物街

• 推动参与式规划方法的应用

• 制定镇域村庄系统规划。明确乡村发展方向及拟保护村庄目录，

估算乡村规划的实施成本及收益

- 分析污水处理厂表现欠佳原因
- 与龙港合作进行港口开发

四、对所有访问镇的共同的环境方面的建议

我们的建议如下。

- 研究普通化粪池淤泥的利用和它对环境的影响，研究街道公厕的淤泥管理，尤其是医院产生的淤泥
- 在污水处理厂运营之前，研究污水处理厂最终产生的淤泥的处理方法，注意当前对于固体废物的堆积处理不是安全的解决办法
- 考虑垃圾场的选址和设计，尽量寻找一个对环境没有威胁的地点。在所有访问的镇中没有一个拥有符合当前的标准的垃圾填埋场，他们表示会尽快建设符合标准的垃圾填埋场，建议在建设垃圾填埋场时选择一个新的更加安全的垃圾填埋场地
- 利用固体垃圾发展循环经济，并确保环境免受固体垃圾的污染
- 在供水和污水网络中采用计算机模型来提高管网运营效率，降低泵水耗能

执笔：邱爱军　吕红医　宋国君

附录　项目主要受访者名单

姓名	机构	职务
顾立欣	世界银行驻华代表处	城市管理高级专家
刘旭红	国家发展和改革委员会外资司	副司长
蒋小菲	国家发展和改革委员会外资司	处长
张耕田	国家发展和改革委员会规划司	副处长
李铁	中国小城镇改革发展中心	主任
傅殿起	建设部城乡规划司村镇处	处长
魏玲	建设部村镇规划处	高级工程师
董祚继	国土资源部规划司	副司长
潘书坤	国土资源部规划司综合处	处长
陈锋	中国城市规划设计院	副院长
潘晓东	科技部21世纪议程中心	处长
洪荣喜	浙江省发改委城乡体改处	处长
郭天军	温州市发改委	副主任
章万璋	温州市苍南县人民政府	县长
屠俊杰	温州市苍南县发改局	局长
季宝华	温州市龙港镇	副镇长
吴道喜	温州市平阳县鳌江镇	副镇长
金凯	台州市发改局	副局长
黄正平	台州市温岭市发改局	副局长
潘军明	台州市温岭市大溪镇	镇长
李国栋	四川省发改委外经处	处长
杨昕	四川省发改委外经处	副处长

续表

姓名	机构	职务
戴新强	四川省发改委规划处	副处长
周健	四川省发改委外经处	副处长
雷启元	成都市计委规划处	处长
蒋明	成都市计委规划处	副处长
刘佳	成都市温江区发计局	局长
李泉	成都市温江区柳城街道办	副主任
魏智勇	河南省发改委外经处	处长
高敬蕊	河南省发改委外经处	干部
张鹏	郑州市发改委	副处长
仇向阳	郑州市中牟县发改委	副主任
张明科	中牟县城关镇	镇长
徐晓林	信阳市发改局	副主任
刘德华	信阳市固始县发改委	局长
林中原	固始县史河湾试验区	主任
李世民	固始县史河湾试验区陈淋子镇	书记

后　记

《中国小城镇及区域发展规划回顾》所涉项目由芬兰规划咨询有限公司和中国小城镇改革发展中心组织的课题组于2006年完成。本研究得到了世界银行的资助。感谢世界银行前高级城市规划专家崔成株先生，他促成了本项目的立项，并为项目研究提供了框架性思路；感谢世界银行城市管理高级项目官员顾立欣先生，他代表世界银行主持了项目的最终研讨会，并且在得知我们将出版此报告时，打来越洋电话支持我们的工作；还要感谢世界银行北京办事处首席经济学家吴卓瑾女生，感谢她为本书出版提供的协调支持。

本项目研究得到国家发改委外资司的大力支持，刘旭红副司长和蒋小菲处长、肖俊女士多次为项目调研和研讨进行协调，并提出具有针对性的研究建议。中国小城镇改革发展中心提供了办公设施及相关支持，中心相关部门对本项目研究给予了全力配合，特别是李铁主任对研究报告初稿提供了非常专业的修改意见。国土资源部董祚继司长在百忙中为项目研究中的土地利用规划部分提供了书面修改建议，特此致谢。附录列出了项目主要受访者名单。同时，还有很多专家学者及政府官员参与了项目的研讨，为我们的研究提供了支持，在此一并表示感谢。

调研期间，项目组得到了地方政府部门的大力合作和热情接待，在此对配合项目调研的地方部门表示衷心的感谢。

在本书编辑期间，国家发改委城市和小城镇改革发展中心的鲍家伟、吴晓敏、徐勤贤及郑州大学的杨晓林、李建东对手稿的校对提供了支持。

国家发改委城市和小城镇改革发展中心国际合作处翻译室主任吴程程女士（项目实施期间全程负责项目的口译工作及项目管理工作）联络中方专家核校了书稿。特此表示感谢。

2013年11月